핵심만 골라 읽는 실용독서의 기술

핵심만 골라 읽는 실용독서의 기술

공병호 지음

21세기북스
www.book21.com

빨리 읽고, 핵심을 파악한 다음 멋지게 활용하자

"무척 바쁘실 텐데 그 많은 책들을 어떻게 다 읽으셨어요?"

"그렇게 읽은 책들을 어떻게 활용하세요?"

내가 많은 사람들로부터 자주 받는 질문 가운데 하나이다. 그 때마다 똑같은 답을 반복해야 하는 고충도 있고 나름대로 그동 안의 책읽기 경험을 정리해야겠다는 필요 때문에 이 책을 준비 했다.

이 책의 핵심 메시지는 '책을 빨리 읽고, 핵심 내용을 파악한 다음, 그것을 멋지게 이용하는 방법'을 다루고 있다. 그동안 독 서 방법에 대한 개인적인 관심 때문에, 그리고 독서 방법을 개선 하고 싶은 욕심 때문에 시중에 나와 있는 독서법에 대한 책들을 거의 다 읽었다. 독서법과 관련해서 몇몇 책들은 자리를 잡는 데 성공하였지만, 아주 바쁘게 살아야 하는 사람들에게 도움이 되는 책들은 드문 것이 사실이다.

누구든 사람들은 자기 중심으로 세상을 이해한다. 기존의 독서 방법을 다룬 책들은 속도감을 요구하지 않는 환경에서 생활하는 전문가들, 이를테면 문인이나 교수들에 의해 쓰여졌기 때문에 삶의 현장에서 매일매일의 삶을 일구어가는 사람들의 수요와는 거리가 있는 경우도 많았다.

기존의 독서 방법을 다룬 책들과 이 책이 변별되는 점은 촌음을 아끼면서 살아갈 수밖에 없는 사람들을 대상으로 한 독서 방법, 혹은 기술에 관한 책이란 점이다. 필자와 마찬가지로 늘 시간에 쫓기면서 살아가고 있지만 그런 분주한 생활 속에서 부지런히 책을 읽지 않으면 안 되는 사람들을 위해 준비된 책인 것이다.

바쁜 사회인들은 대개 문학과 같은 서적을 가까이하기보다 실용서 읽기에 큰 비중을 두는 사람들이라는 생각에 나는 이 책의 초점을 실용독서에 맞추었다. 바쁘게 살아가는 사람들에게 독서의 이유는 즐거움이나 유쾌함에 있기보다 먼저 실용적인 지식의 습득에 있을 것이기 때문이다.

어떤 주제에 대한 자신의 지식을 정리하기 위해서는 먼저 책을 읽고, 관련 분야의 전문가를 만나고, 생각을 충분히 하는 과정이 필요하다. 그런데 필자의 경우엔 여기에 한 가지를 더해야 한다고 생각한다. 그것은 바로 글쓰기이다. 이 책을 준비하면서 실용독서에 대해 내가 갖고 있는 경험을 정리할 수 있었을 뿐만 아니라, 좀더 확실히 독서 방법에 대한 나름대로의 의견이나 생각을 정리할 수 있었다.

이 책은 모두 다섯 개의 장으로 이루어져 있다. 프롤로그에서는 책읽기의 의미와 중요성에 관한 내용을 다루고 있다. 1장에서는 실용독서를 통해 여러분이 무엇을 얻을 수 있는가에 대해 정리하였다. 1장을 읽으면서 자신의 독서 목적을 정리할 수 있기를 바란다. 2장에서는 독서를 시작하는 사람들은 위한 제언, 3장에서는 독서를 본격적으로 행하는 과정에서 귀담아듣고 곧바로 실천에 옮길 수 있는 방법에 대한 제언, 4장에서는 독서를 마무리할 때 체크할 사항을 담고 있다. 그리고 마지막 장은 독서를 활용하는 방법에 대해 다루고 있다.

길지 않은 분량의 책이긴 하지만, 이 책은 필자의 책읽기와 관련된 경험과 지식, 그리고 정보가 듬뿍 담긴 책이다. 아무쪼록 이 책이 여러분의 독서 능력을 강화하고 더 나은 삶을 준비하는 데 큰 도움이 될 수 있기를 바란다.

2004년 5월

공병호

Contents

Prologue

독서, 일 그리고 성공

1. 독서와의 만남

글을 읽지 못하는 사람은 없지만, 자신의 유익함을 위해 책읽기를 제대로 활용하는 사람은 흔치 않다. 여러 사람들을 만나면서 내가 안타깝게 생각하는 것 가운데 한 가지가 바로 이런 점이다. 독서에 관한 책을 써야겠다고 오래 전부터 결심했던 것도 이러한 이유 때문이다.

학벌이 좋고 총명한 머리를 가졌다고 해서 모두가 책읽기를 제대로 활용하고 있는 것은 아니다. 학교를 다니면서 좋은 성적을 올리는 방법을 배웠는지는 몰라도 글을 읽고 그것을 가공하여 자신의 삶을 위해 활용하는 방법을 몸에 완전히 익힌 사람은 거의 없다. 마치 컴퓨터를 사놓고도 이를 제대로 활용하지 못하는 사람을 컴맹이라고 부르는 것처럼, 책을 사놓고도 그것을 제대로 활용하지 못하는 사람은 독맹(讀盲)이라 불러도 무방할 것이다.

세상에 수없이 많은 컴퓨터가 널려 있지만, 막상 그것을 사용하는 방법을 알지 못하면 아무 소용이 없다. 마찬가지로 엄청난 양의 책들이 쏟아져 나오지만, 그것을 제대로 선별해서 활용하는 방법을 알지 못한다면 아무런 도움도 되지 않는다. 문맹(文盲) 상태에서 벗어나 글을 읽을 수 있는 것만이 다는 아니다. 책을 읽은 뒤, 자신의 일과 삶을 위해 이를 활용할 수 있어야 한다. 공교육이 확대되면서 문맹은 거의 사라졌지만, 독맹은 여전히 우리 주위에 많다는 사실이 내가 이 책을 쓰기로 결심한 주요 동기이다.

필자 역시 20여 년 동안의 공부를 마치고 박사학위를 받은 뒤에도 책을 읽고 그것을 활용하는 데는 거의 초보 수준이었다. 때문에 나는 읽은 책을 활용하는 능력은 고등교육을 받았다고 해서 그냥 얻어지는 게 아니라고 생각한다. 마치 수영이나 골프를 배우기 위해 운동하는 방법을 익혀야 하는 것과 마찬가지로 독서 역시 의도적인 노력을 기울여 배우고 익혀야 비로소 성과를 얻을 수 있다.

이런 확신은 나의 경험에서 우러나오는 것이다. 내가 지금도 안타깝게 생각하는 것은 중고교 시절에 좀더 많은 독서를 하지 못했다는 점이다. 아직도 내 가슴 한 구석에 아쉬움으로 남아 있다. 내가 당시에 독서를 많이 못한 데는 여러 가지 이유가 있을 것이다. 가장 중요한 것은 입시라는 관문을 통과하기 위해서 거의 모든 에너지를 쏟아부어야 하는 시스템 속에서 살았기 때문일 것이다. 게다가 독서의 필요성에 대해서 배운 적이 없고 동기부여가 되지 않았다는 점도 무시할 수 없다. 때문에 본받을 만한 역할 모델이 거의 없었던 것이다. 나는 여러분들이 이 책을 읽으면서 '이런 식으로 독서한 내용을 활용할 수도 있구나'라고 느끼고, 이 책이 하나의 역할 모델이 되었으면 한다.

삶이란 본래 공평한 것이 아니다. 자의에 의해서건 타의에 의해서건 유년기와 청소년기의 이런 저런 선택들이 축적되어 현재의 나란 사람의 일부를 이루고 있다. 아마도 내가 30대, 40대를 더욱 치열하게 살고자 마음먹은 데는 인생 초반기의 그런 열세에서 벗어나야겠다는 생각이 어느 정도 영향을 주었을 것이다. 즉 인생의 중반전에서 좀더 많은 책을 읽고 소화해 내려 노력한 이유는 내 인생 전반전의 부진을 만회하기 위해서이다.

나는 이 책의 독자들 역시 나와 마찬가지로 책읽기에 관한 한 그다지 긍정적이지 않은 환경에서 오랜 시간을 보냈을 것이라는 것을 가정하였다. 내가 독서에 대해 새로운 시각으로 접근하기 시작한 것은 학위를 마치고 난 다음 3년이 지난 무렵인 1990년경이었다. 나에게 독서란 당면한 여러 문제들의 해결책을 찾는 과정이다. 그런 점에서 나의 독서는 처음부터 실용독서에 바탕을 두고 있다. 《나의 독서일기》에 나의 이런 독서 경험을 적어놓았다.

나의 인생에서 독서를 대하는 큰 터닝 포인트는 박사학위를 마치고 몇 해 지나서부터이다. 대학 4년, 박사 과정 4년을 마무리하고 난 다음에 시작한 직장 생활에서 더 이상 내가 내놓을 것이 없다는 자괴감 때문에 말 못할 고민에 휩싸인 적이 있었다. 그러던 어느 날 무엇인가 새로운 주제를 찾아나선 나에게 큰 방향을 제시해 준 사건이 일어나게 되었다. 그것은 바로 프리드리히 A. 하이에크가 쓴 책과의 만남이었다.

그는 1899년에 태어나서 1992년 프라이브르크에서 영면할 때까지 탁월한 자유주의(우리 의미에서 보수주의) 사상가로서의 일생을 보냈다. 그는 1974년 노벨경제학상을 수상하기도 하였다. 영국의 대처 수상은 공식적인 자리에 자신의 정책과 사상의 근저에는 바로 하이에크가 있다고 고백할 정도였다. 오늘 우리가 살고 있는 자유 사회에 대한 튼튼한 이론적인 토대를 구축한 사람도 바로 프리드리히 A. 하이에크였다.

어느 무더운 여름날, 나는 안테나를 높게 세우고 길을 찾고 있었다. 내가 지금도 매우 중요하게 생각하는 것은, 삶이란 매순간 무언가를 찾아가는 과정이라는 것이다. 특히 책을 읽을 때 그런 생각은 더욱 또렷해진다. 그냥 책을 읽는 것이 아니라 그 무언가를 찾아가는 과정인 것이다.

내가 처음으로 읽었던 하이에크의 책은 《개인주의와 경제질서》이다. 이 책은 자유 사회의 운용 원리를 명쾌하게 제시한 책이다. 사상적 토대에 대한 충분한 이론적 인프라가 구축되어 있지 않았던 나에게 하이에크의 저술과의 만남은 나 자신에 대해, 그리고 사회에 대해서 눈을 뜨게 만들어준 사건이었다. 오늘의 나는 그 한 권의 책과의 만남에서부터 형성되기 시작했다고 해도 과언이 아니다.

한국 사회가 당면하고 있는 여러 가지 고민들, 그리고 한국인들이 헤쳐나가야 할 대안들이 그 책에 고스란히 담겨 있었다. 마치 '스파크'라도 일어난 것 같은 느낌에 사로잡혀 꼬박 밤을 새우면서 나는 그 영문 서적을 탐독해 나갔다. 그리고 '아, 내가 할 일이 이것이구나.' 하는 것을 본능적으로 깨우쳤다. 그때 나는 단 한 권의 책이 한 인간의 삶을 송두리째 흔들 수도 있다는 사실을 뼈저리게 체험하였다. 아마도 내가 다독과 다작을 병행하는 이유는 바로 그때의 영향 때문일 것이다. 권력은 유한하고 덧없는 것이다. 하지만 지식과 지혜란 오래오래 영향력을 발휘할 수 있다는 믿음을 그때부터 가지게 되었다.

그 책을 시작으로 하이에크의 대표 저작들인 《자유헌정론》, 《법, 입법, 그리고 자유》, 《노예의 길》 등을 탐독해 나가게 된다. 그리 길지 않은 인생살이에서 내가 행복감을 맛보았던 시기 중의 하나는 하이에크의 사상 체계를 파고들면서 사회 운용의 원리, 세상을 바라보는 눈, 자신의 삶에 대한 이정표를 세울 수 있었던 때였다고 생각한다. 이때부터 분야를 넘나드는 책읽기가 시작된다. 정치, 경제, 사회, 문화, 과학 등의 분야를 넘나들면서 책을 읽기 시작했다. 나는 읽는다. 고로 나는 존재한다.

2. 일터에서 필요한 일곱 가지 능력

'여러분은 어떻게 업무에 관련된 지식을 익히고 있는가?'

'여러분은 어떻게 세상의 문리(文理)를 깨우치기 위해 노력하고 있는가?'

'여러분은 기회를 잡기 위해 어떻게 노력하고 있는가?'

'무엇이 여러분들로 하여금 이런 노력들을 하도록 재촉하는가?'

이런 질문들에 대한 답을 구하는 사람이라면, 모티머 J. 애들러와 찰스 반 도렌 공저의 《생각을 넓혀주는 독서법》에 소개된 학교를 떠난 사람들을 위한 조언에 귀를 기울일 필요가 있다.

"학교에 다니지 않는 사람들, 학교 교육 과정에 참여하고 있거나 과제물로 주어진 것이 아닌 책을 읽으려는 사람들은 교사의 도움 없이 읽는다. 따라서 계속 배우고 깨달아가려면 책을 통해 잘 배울 수 있는 방법을 알아야 한다."

비즈니스에 종사하고 있는 사람이라면 특히 '책을 통해 잘 배울 수 있는 방법'을 반드시 자신의 것으로 만들어야 한다. 나는 적은 투자로 많은 소득을 거둘 수 있는 투자 방법 가운데 하나가 책읽기를 통한 학습법을 완전히 익히는 것이라 생각한다.

1950년대에 조그만 플라스틱 조화(造花) 사업을 시작으로 아시아 최대, 세계 5위의 복합기업그룹을 일구어낸 리자청(李嘉誠)이란 인물이 있다. 그는 토지, 부동산, 항구, 전신, 전력, 유통 판매 분야를 총괄하는 사업으로 대재벌이 된 사람이다. 그는 독특한 독서 습관을 갖고 있는데, 독서를 통해 자신의 업무와 관련된 일에 대해 아주 사소한 부분까지 속속들이 꿰고 있었을 뿐만 아니라, 남보다 한 발 앞서서 행동할 수 있는 직관력과 통찰력을 단련시킬 수 있었다.

한번은 기자들이 "당신에게 성공의 도(道)란 무엇인가?"라는 질문을 던졌을 때도 그는 "깊이 사고하고, 시대 발전의 맥박을 파악하며, 시대적인 추세에 맞물리는 것을 포착해야 최후의 승리자가 될 수 있다"고 대답한 적이 있다. 이 모든 것은 절간에 앉아 가부좌를 틀고 참선을 한다고 해서 얻을 수 있는 것이 아니고, 인맥만을 통해 얻을 수 있는 것은 더더욱 아니다. 제대로 책을 읽어야만 얻을 수 있는 것이다.

리자청에 대한 글을 쓴 작가 리원웨이는 리자청이 어떤 습관을 가지고 자신을 단련하는 데 독서를 이용하였는가에 대해 이렇게 말한다.

"리자청은 밤에 잠자리에 들기 전 30분 간 반드시 새 책들을 읽으며 최전방의 사상 이론과 과학 기술을 이해한다. 그의 말에 따르면, 소설을 제외하고 문학, 사회, 철학, 과학 기술과 경제 방면의 책들을 모두 읽는다. 이것은 그가 몇 십 년 간 유지해 온 하나의 좋은 습관이다. 그는 과거를 회상할 때 다음과 같이 말한다.

'젊었을 때, 나는 겉으로 볼 때는 겸손했지만, 내심 아주 교만하였다. 내가 교만하였던 이유는 동료들이 노는 데 열중할 때 나는 학문을 구하였고, 그들은 늘 답보 상태에 머물러 있었지만 나의 학문은 나날이 깊어졌기 때문이다. 그때는 내 일생 중에 가장 중요한 시기라고 말할 수 있다. 지금 나의 학문도 부친이 돌아가신 후 몇 년 간 상대적으로 한가했던 시간에 얻은 것이다. 왜냐하면 당시 회사 일이 비교적 적었기 때문이다. 다른 동료들은 함께 모여 마작하기를 좋아했다. 그러나 나는 《사해(辭海)》와 선생님이 사용하는 교과서를 들고서 독학하였다. 책을 다 읽으면 팔아버리고, 다시 새 책을 샀다.'"

어디 리자청만의 이야기겠는가? 자신의 분야에서 큰 획을 그은 인물이라면 나름대로 독서를 활용하여 자신의 역량을 강화하는 능력을 지니고 있을 것이다. 그렇다면 오늘날처럼 지식이나 정보가 중요성을 더해가는 시대에 지식 근로자들은 과연 어떤 능력을 갖추어야 할까?

지식 근로자들이 갖추어야 할 능력에는 여러 가지가 있겠지만, 이 가운데 나는 다음의 일곱 가지 능력이 특별히 중요하다고 생각한다. 그런데 이런 능력은 좋은 학교를 나왔다고 해서, 머리가 좋다고 해서 세월과 함께 자연스럽게 만들어지는 것은 아니다. 학교를 떠난 이후에도 노력을 기울이지 않으면 결코 얻을 수 없다. 물론 학교에서 쌓은 지식과 경험이 어느 정도 도움은 되겠지만, 그런 지식과 경험을 바탕으로 스스로 일곱 가지 능력을 갈고 닦는 노력을 기울여야 한다. 나는 리자청 회장의 경우도 사업가로서의 인생을 통해 그런 능력들을 키워나가는 것이 얼마나 중요한지 알았던 인물이었다고 생각한다. 이 일곱 가지 능력은 다음과 같이 정리할 수 있다.

첫째, 스스로 무엇을 해야 할지를 결정하는 '목표 설정 능력'이다.

둘째, 처리해야 할 다양한 일들에 우선순위를 부여한 다음 추진하는 '우선순위 결정 능력'이다.

셋째, 트렌드를 읽고 기회를 찾아낼 수 있는 '기회 포착 능력'이다.

넷째, 다른 조직이나 타인들의 장점을 자신의 것으로 만들어낼 수 있는 '창조적 표절 능력'이다.

다섯째, 다양하고 복잡한 사실들을 꿰뚫을 수 있는 '정리하는 능력'이다.

여섯째, 사실이나 상황을 충분히 이해한 다음에 논평할 수 있는 '코멘트하는 능력'이다.

일곱째, 타인의 입장을 이해하고 배려할 수 있는 '공감하는 능력'이다.

이런 능력을 과연 어떻게 키울 수 있을까? 사람마다 이를 익히는 방법이 제각각일 것이다. 현장에서 직접 새로운 시도들을 하는 과정 속에서 배우는 데 익숙한 사람도 있을 것이다. 하지만 그런 시도조차 독서를 통해 체계적으로 뒷받침하면 더욱 큰 힘으로 작용할 것이다. 아마도 다양한 실용적인 독서가 이 부분에 큰 힘이 되어줄 수 있을 것이다.

3. 현명하게 살아가는 능력

살아가는 데 실용적인 지식만이 필요한 것은 아니다. 예고도 없이 찾아드는 고난과 곤경을 슬기롭게 헤쳐나갈 수 있는 지혜를 갖추고 있어야 한다. 지혜는 신앙이나 믿음과 더불어 언제, 어떤 상황에서든지 우리 자신을 지켜주는 든든한 보호자 역할을 하게 된다.

어떻게 우리는 삶의 지혜를 얻을 수 있을까? 경험이 풍부하고 현명한 연장자들을 만나서 그들 삶의 이야기를 듣는 것도 한 가지 방법일 것이다. 몇 해 전 집사람이 아이들과 함께 외국에 머물렀던 적이 있다. 그때 이웃에 사는 찰스 할아버지 내외를 만난 적이 있는데, 집사람은 그분들로부터 삶을 살아가는 데 필요한 지혜를 듬뿍 얻었다. 이후에도 꾸준히 연락을 취하고 친부모 이상의 친분을 맺을 정도로 그분들이 주신 지혜에 늘 감사하고 있다. 그러니까 삶의 연륜을 가진 어른들로부터 직접 배움을 청하는 방법이 좋다.

모든 것이 빠른 속도로 달려가는 시대 속에서 현명한 연장자를 만나 배움을 얻는 일은 누구나 가질 수 있는 행운이 아니다. 과학기술이 급속도로 발전하고 생활이 편리해지긴 했지만 삶에 관한 한 여전히 고전적인 방법이 유력한 수단이라는 생각이 종종 드는 것도 이 때문이다.

나는 그런 행운을 갖지 못하였다. 그래서 내가 부족하다고 느끼는 삶의 지혜를 주로 책 속에서 찾는다. 그런 면에선 나는 여전히 배움에 열심인 학생일 뿐이다. 40대의 나이에 새로운 것을 익히고, 배우고, 꿈을 가지고, 호기심에 두 눈을 반짝이기는 무척 어려운 일이다. 그럼에도 불구하고 나는 여전히 그런 상태를 유지하면서 살고 있다. 왜냐하면 여전히 배워야 할 지혜들이 너무나도 많기 때문이다. 오히려 책을 읽으면 읽을수록 살아가는 일이 경이롭다는 생각을 떨칠 수가 없다.

마음에 맞는 책을 읽으면서 지혜를 주는 대목들을 만날 때마다 나는 지금도 감동하거나 감격에 겨워한다. '그래. 그래 바로 이거야. 어떻게 하면 이를 이룰 수 있을까?' 책을 읽을 때면 이런 유의 감탄이 끊임없이 흘러나온다. 그래서 내가 삶에 대한 감사의 기도를 올릴 때 주로 책과 관련된 내용인 경우가 많다.

나는 지금도 나날이 새로운 날들, 즉 '일신우일신(日新又日新)' 하는 자세와 마음가짐을 갖고 생활하고 있다. 그렇게 할 수 있는 비결은 독서이다. 지루함과 나태함, 그리고 대충 대충이 나의 생활에 끼어들 틈이 조금도 없다. 왜냐하면 책을 보면 늘 그곳에 배워야 할 것, 익혀야 할 것, 그리고 감격해야 할 것들이 듬뿍 들어 있기 때문이다. 그래서 여전히 나는 대학을 입학하던 그 시절의 호기심과 기대감을 갖고 매일매일을 살아가고 있다.

어느 일요일 정오 무렵에 조깅을 할 때의 일이다. 한겨울의 파란 하늘을 바라보면서, 한 발자국 한 발자국 대지를 내딛는 나에게 '삶에 감사해야 할 이유가 무엇인가?' 라는 질문이 불현듯 스치고 지나갔다. 나는 스스럼없이 감사해야 할 대목들을 머리 속에 떠올리기 시작하였다. 이 가운데 독서와 관련된 부분이 빠지지 않았다.

"내가 책을 살 만한 여유가 있고, 책을 읽을 여유가 있으니, 그 이상 무엇을 바라겠습니까? 내가 다른 분들에 비해 조금 더 치열하게 살아야 하고, 내가 다른 분들에 비해 좀더 분주하게 살아야 하고, 내가 다른 분들보다 게으름을 피울 수 없는 것은 당연한 일 아니겠습니까?"

4. 독서로 지식을 경영하라

나는 '인생을 경영한다' 는 생각을 갖고 살아간다. 전직을 경험하고 난 다음 읽고 쓰는 일이 많아지면서 이 같은 생각이 좀더 확고해지고 있다. 사용하는 언어는 한 인간의 의식 세계를 반영한다. 아마도 이 같은 용어를 사용하는 데는 젊은 날의 교육 배경도 무시할 수 없을 것이다. 경제학을 배우는 사람은 여러 가지 조건이 주어졌을 때, 그 조건 하에서 목표 함수를 극대화하거나 극소화하는 최적화(optimization)에 많은 시간을 투입한다. 이런 면에서 보면 인생 경영이란 일종의 '동태적 최적화(dynamic optimization)'라 할 수 있다.

사람들은 인생에서의 성공, 행복 등과 같은 여러 가지 목표를 최고로 끌어올리기 위한 일종의 전략을 갖고 살아간다. 그래서 나는 가능한 한 삶 전체를 몇 개의 국면으로 나눈 뒤 최고의 성과를 이루어내기 위해 나의 시간과 에너지를 배분하면서 살아가려고 한다. 그래서 나에게는 그냥 되는 대로 살아가는 것은 금물이다. 물론 삶의 모든 일들을 통제할 수는 없다. 하지만 기도로써만이 가능한 영역, 즉 내가 통제할 수 없는 영역은 열외로 하고, 나 자신의 의지와 영향력 하에 놓인 부분에 대해서는 최적화의 원칙에 충실하려고 노력한다.

인생을 잘게 나누면 하루로 이루어진다. 매일매일 빳빳한 새로운 수표첩처럼 주어지는 24시간 역시 경영의 대상이다. 그래서 나는 '하루를 경영한다'는 생각도 갖고 생활한다. 지금 이 글을 쓰고 있기 하루 전날 집에 도착한 책의 제목이 《하루경영

(Wisdom of the Ages)》이다. 명상의 대가로 알려진 웨인 다이어의 작품인데, 매일매일 한 명의 현인들이 메시지를 던져주는 형식의 책으로, '하루경영'이란 책제목이 필자의 눈길을 끈다. 용어를 어떻게 표현하든 간에 우리는 매일매일을 어떤 형식으로든지 경영하듯이 살아가고 있다. 그런 면에서 보면 약간 발음이 어색하긴 하지만 '하루경영'이라는 표현도 그다지 나쁜 것 같지 않다.

하루 생활을 되돌아보라. 여러분의 활동 가운데 거의 대부분이 지식의 힘과 두뇌의 힘에 좌우되고 있음을 알 수 있다. 동료들과 나누는 대화 내용을 잠시 회상해 보라. 먹고, 마시고, 노는 것이 대화 가운데 일정 정도 비중을 차지하고 있을 것이다. '점심때 무얼 먹을까?' '주말을 어떻게 즐기지?' '어제 누구랑 어디 가서 한잔 했지.' 등과 같은 대화가 많은 부분을 차지하고 있을지도 모른다.

그런데 정작 먹고 사는 문제에 결정적인 영향을 미칠 뿐만 아니라, 우리의 현재와 미래를 결정할 수 있는 압도적인 힘, 즉 지식의 힘과 두뇌의 힘은 거의 주목을 받지 못하고 있다. 사람들 가운데 '어떻게 하면 좀더 조직적이고 효과적으로 자신의 지식과 두뇌를 활용할까?'에 대해 생각하고, 방법을 찾고, 동료와 대화를 나누는 경우는 흔하지 않다. '어떻게 가치 있는 정보를 최대한 확보할 수 있을 것인가?'와 같은 질문을 던지고 그 방법을 찾는 경우도 드물다. 그런 일들은 그저 일상적이고, 반복적으로 이루어진다고 생각한다. 깊은 생각 없이 해오던 방식대로 일하는 사람들이 의외로 많아 보인다.

이처럼 중요한 문제가 사람들의 주요 관심거리가 되지 못하는 이유는 무엇일까? 나는 회사 차원에서 지식경영이란 주제가 각광을 받기 이전부터 개인 차원의 지식경영에 큰 관심을 가져왔다. 왜냐하면 그것이 삶의 질을 결정하는 요소이기 때문이다. 이 책은 개인 차원의 지식경영의 한 부분을 다루고 있는 셈이다.

나의 책읽기는 낭만적인 생각에서 우연히 시작된 것은 아니다. 그것은 철저히 자기경영 차원에서 시작되었다. 책읽기처럼 지식을 체계적이고 조직적으로 축적할 수 있는 방법으로 책읽기만큼 효과적인 것은 없다. 때문에 나는 책읽는 것을 독서경영이라 부른다. 모든 경영에는 전략과 전술이 필요한 법. 그러니까 모든 경영은 되는 대로 하는 것이 아니다.

무엇을 읽어야 할 것인지, 어떻게 읽어야 할 것인지, 언제 읽어야 할 것인지, 그리고 그것을 어떻게 활용해야 할지 다른 사람들의 실행을 관찰한 뒤 창조적으로 표절해야 한다. 그리고 자신의 자기경영 방식을 개선시키기 위해 부단히 노력해야 한다. 그런 노력 없이 어떻게 미래를 준비할 수 있겠는가? 물론 로또 복권이 해결책이 될 수도 있다. 하지만 나는 그런 행운이 나의 편이 되리라곤 꿈에도 생각하지 않는다. 가능한 한 내 통제권 안에 들어 있는 일을 처리하는 것이 나의 본연의 사명이라고 생각하기 때문이다. 나는 누구나 정보와 시간, 그리고 두뇌 세 가지를 적절히 활용함으로써 자신이 꿈꾸는 삶을 만들어갈 수 있다는 생각해 왔고, 그런 생각은 지금도 변함이 없다.

그러면 여기서 적은 양을 투여하여 높은 수익을 거둘 수 있는 투자에 대해 생각해 보자. 나는 그런 투자거리는 그다지 흔하지 않다는 것을 체험을 통해 잘 알고 있다. 여러분들은 저비용 고효율의 투자 방법을 반드시 익혀야 한다. 그리고 그런 투자는 결코 여러분을 배반하지 않을 것이다. 시중에 10억 만들기가 화제가 되고 동산과 부동산 투자 같은 재테크에 관심이 고조되고 있지만, 정작 가장 중요한 재산이자 자산인 자기 자신에 대한 투자, 즉 정보, 시간, 그리고 두뇌 활용법에 대한 이야기는 별로 주목받지 못하고 있다.

두뇌는 누구도 가져갈 수 없다. 만일 모든 투자가 경영의 대상이 된다면, 가장 확실하고 효과적인 투자법을 여러분들에게 설명하는 것이 이 책의 중요 목표 가운데 하나이다. 책을 읽는 행위 자체는 목적이 무엇이든지 간에 투자임을 잊어서는 안 된다. 그렇게 발상의 전환을 하면 여러분은 눈을 스캔하듯이 스쳐 지나가는 정보의 종류를 선별하지 않을 수 없을 것이다. 그러므로 매일매일 반짝거리는 눈으로 정보를 찾아나설 것이며, 시간을 알뜰하게 사용하게 될 것이다. 그리고 그런 노력들이 실제로 부를 일구어낸다는 사실을 깨우치게 될 것이다. 이런 경험을 하게 되면 여러분은 나보다 더 열심히 읽고, 생각하고, 이용하는 사람이 될 수도 있을 것이다.

거듭 이야기하지만, 모든 성공, 성취, 발전의 이면에는 타인의 선진적인 방법, 습관, 태도를 철저히 벤치마킹하여 자신의 것으로 만든 노력이 깃들어 있다. 나는 여러분이 그 주인공이 되기를 바란다.

공병호의 독서 8가지 계명

1. 세상이 아무리 바뀌어도 지식의 원천은 역시 책이다.

2. '본전' 생각으로부터 자유로워야 한다.

3. 20퍼센트 내외의 핵심은 저자 서문, 목차, 결어 및 초기의 핵심 장에 숨어 있다.

4. 구입한 즉시, 혹은 24시간 내에 책의 핵심 부분을 읽는다.

5. 책은 무자비하게 대하라.

6. 중요한 문장이나 내용은 펜으로 마음껏 표기하라.

7. 중요한 내용이 담긴 페이지의 모서리를 다양한 방식으로 접어라.

8. 인상 깊게 읽었던 책은 가까운 곳에 두고 이따금 펴보라.

—출처 : 공병호, 《공병호의 자기경영노트》

PART 1

↘ # 실용독서의 힘

독서는 나에게 많은 정보를 제공해 주었습니다. 그러나 독서가 주는 더 큰 유익은 나의 상상력을 항상 자극한다는 점입니다. 나는 독서를 통한 상상력으로 지금의 싱가포르를 만들었습니다. 지금의 싱가포르는 원래 나의 독서 상상이 하나의 실체로 나타난 것일 뿐입니다.

— 이광요

OI | 경험만으로는 충분하지 않다

직업인에게 '프로페셔널 서비스(professional service)'란 단어는 정체성의 많은 부분을 확인시켜 준다. 이때 프로페셔널 서비스의 주요 요소 중 하나가 문제 해결 능력이다. 급속한 기술 혁신과 함께 시장의 힘이 압도적인 영향력을 발휘해 가는 시대에 훌륭한 직업인이 된다는 것은 무엇을 말하는가? 훌륭한 직업인은 우선 자신의 업무가 요하는 다양한 요구들을 만족시킬 수 있어야 한다. 가능한 한 거의 완벽에 가깝게 만족시킬 수 있어야 한다.

하지만 이것이 쉬운 일은 아니다. 왜냐하면 시장의 요구, 혹은 고객의 요구는 지금 이 순간에도 끊임없이 변화하고 있기 때문이다. 시장경제에서 살아가는 직업인들이 고객의 요구를 제대로 만족시킬 수 없다면, 장기적으로 자신의 분야를 떠나거나 하위

시장으로 밀려날 수밖에 없다. 때문에 우리는 어떤 일을 하고 있든지 간에 끊임없이 자신에게 물어야 한다.

첫째, 고객은 나에게 어떤 문제 해결 능력을 기대하고 있는가?

둘째, 나는 문제 해결 능력을 키우기 위해 어떤 노력을 하고 있는가?

셋째, 그런 능력을 좀더 효과적으로 발전시킬 수 있는 방법은 없을까?

넷째, 내가 가지고 있는 문제 해결 능력에 대한 고객의 수요가 계속 있을까?

직업인의 '문제 해결 능력'은 사업가에게는 상품이나 서비스와 같은 것이다. 때문에 직업인은 스스로를 하나의 기업, 즉 '1인 기업' 혹은 '1인 기업가'로 생각하고 행동하는 것이 합리적이다. 직업인이 당면하게 될 냉혹한 도전은 자신이 가진 프로페셔널 서비스 자체에 대한 요구가 현저하게 줄어들거나 수요 자체가 없어져 버리는 경우다.

일반인들에게 비교적 안정적으로 여겨지는 의료 분야에서도 그런 현상이 나타나고 있다. 몇 십 년 전까지만 하더라도 방사선학이나 마취학 분야에 대한 시장가치는 일반 의료 행위 가운데 가장 높았다. 그러나 마취학 분야가 괄목할 만하게 발전하면서 개인에 의한 프로페셔널 서비스가 기계와 약품에 의해 대체되는 현상을 낳고 말았다.

한편 직업인이 자신의 문제 해결 능력을 키우는 것은 기업들이 사업 영역을 확장시켜 나가는 것과 매우 유사하다. 기업들은 한 자리에 머물러 있을 수만은 없음을 잘 알고 있다. 때문에 관련 분야에 진출하거나(관련 다각화), 혹은 관련되어 보이지 않는 분야로 진출(비관련 다각화)하는 전략을 통해 스스로를 키워나간다. 물론 이런 와중에 시장과 전략이 맞물려서 흥하는 기업도 나오고 망하는 기업도 나오게 마련이다.

기업과 마찬가지로 직업인 역시 자신의 문제 해결 능력을 발전시키기 위해 자신의 분야를 심화시키기도 하고 새로운 분야에 발을 내딛기도 한다. 만일 여러분이 문제 해결 능력을 발전시키기 원한다면, 방대한 정보를 소유하고 다양한 경험들을 쌓는 것이 도움이 될 것이다. 그러나 그것만으로는 충분하지 않다. 정보와 경험을 조직화하고 체계화해서 일종의 암묵적 지식(tacit knowledge)이라는 자산을 만들어내야 한다. 이런 작업은 노하우에 해당한다. 이때 관련 분야에 대한 집중적인 독서가 큰 도움을 줄 수 있다. 독서는 각양각색의 정보와 경험을 정리, 정돈해서 짧은 시간 안에 체계화시키는 데 중요한 역할을 하기 때문이다.

두 사람이 직장에 입사해서 비슷한 기간 동안 물리적인 시간을 보냈더라도 문제 해결 능력에서 큰 차이를 보이는 경우가 있다. 이것은 정보와 경험을 조직화하고 체계화하는 능력의 차이에 기인한다. 예를 들어 특정 분야를 중심으로 10여 년 정도의 시간을 제대로 투자해 온 사람이라면 어느 정도 문리(文理)를 터득하게 된다. 이런 상태를 어떻게 이야기할 수 있을까? 커다란 빈 책장을 머리 속에 떠올려보자. 만일 특정 시점이나 장소에서 어떤 정보와 경험이 입력된다고 하자. 입사 초기에는 그런 정보와 경험들이 어디에 놓여야 할지 알 수 없다. 그러나 제대로 자신의 분야를 개척해 온 사람이라면 입력되는 정보와 경험들이 책꽂이의 어떤 부분에 놓여야 할지 정확하게 알 수 있다. 그렇게 차곡차곡 축적된 지식들은 특정한 문제를 해결하는 데 사용되어진다.

이 정도의 문제 해결 능력을 갖춘 사람들은 흔히 자신의 분야와 관련된 것은 처음부터 끝까지, 즉 A부터 Z까지를 꿰게 된다. 하지만 독서라는 조직화 과정을 거치지 않는다면 단편적인 정보와 다양한 경험만을 잔뜩 끌어안게 된다. 조직 생활을 하면서 알게 된 사실 가운데 하나는 경험이 중요하기는 하지만, 경험만으로는 충분하지 않다는 사실이다. 이때 '문리를 터득한다'는 문제 해결 능력이 상당한 수준에 도달한 것을 비유적으로 표현한 말이다. 이런 경지에 도달하기 위해서는 정보, 경험, 그리고 독서가 유기적으로 연결되어야 한다. 내가 책읽기를 좋아하고, 이를 권하는 주요한 이유 가운데 한 가지는 의도적이고 체계적인 독서야말로 정보와 경험을 조직화해서 시장에서 제대로 가치를 인정받을 수 있는 지식을 만들어내는 데 결정적인 공헌을 할 수 있기 때문이다.

↘ **문제 해결 능력은 정보와 경험의 체계화 능력이다.**

O2 | 주어진 재능을 남김없이 계발한다

"독서를 해야 할 가장 중요한 이유는 '자극'을 얻기 위해서입니다. 좋은 책을 읽으면 우리의 두뇌가 자연스럽게 자극을 받아 반응을 일으키는 경험을 한 적이 있을 것입니다. 새로운 아이디어가 떠오르고 막혔던 부분이 열리는 경험 말입니다. 좋은 책을 읽는다는 것은 훌륭한 사람과 이야기를 하는 것과 같습니다. 뛰어난 사람과 이야기를 할 때, 우리는 그로부터 지식을 얻을 뿐만 아니라 두뇌가 자극을 받아 아이디어가 떠오르는 경험을 하게 됩니다. 직장인이 이러한 경험을 자주 한다면 그는 아이디어맨이 될 수 있고 계속 성장할 수 있습니다. 그리고 자신이 부여받은 모든 탤런트를 남김없이 계발할 수 있는 것입니다."

이랜드의 박성수 회장이 말하는 독서와 비즈니스의 관계에 대한 이야기이다. 비즈니스 아이디어는 진공 상태에서 나오지 않는다. 무에서 유가 창조되는 것이 아니다. 비즈니스 아이디어는 소재가 제공되어야 하고 끊임없이 자극이 주어질 때 떠오를 가능성이 높다. 아이디어의 소재는 많은 경우 커뮤니케이션에서 비롯된다. 나는 대부분 다른 사람과 대화를 나누면서 사업 아이디어를 얻는다. 이런 저런 이야기를 나누다가 불현듯 아이디어들이 머리를 스쳐 지나갈 때가 많다. 그런데 이런 아이디어는 이미 관련 정보를 두뇌 속에 입력해 둔 상태에서 그 정보가 경험과 접속하는 순간 떠오르는 것이다. 그래서 나는 무엇보다 남의 말을 잘 들을 필요가 있다는 것을 체험을 통해 알고 있다. 그런데 사람과의 만남에는 시간이 많이 든다는 단점이 있다. 효율성이 그다지 높지 않은 만남도 많은 것이다.

그런데 대화를 나누는 데는 사람과의 만남이 전부가 아니다. 여러분이 원할 때, 언제 어디서나 대화를 나눌 수 있는 방법이 하나 있다. 그것은 책을 가까이 하는 일이다. 그야말로 전천후로 시공간을 초월해서 누구와도 만날 수 있다. 이런 면에서 보면 책은 대단한 발명품이다.

책을 읽는다고 생각할 것이 아니라, 저자와 대화를 나눈다고 생각해 보라. 박 회장은 이 점을 정확하게 이해하고 있음에 틀림없다. 대화를 나누듯이 책을 읽을 수 있으면, 여러분의 머리 속에는 이런 저런 아이디어들이 자연스럽게 떠오를 것이다. 습관이 되면 책을 읽어나갈 때마다 자연스럽게 아이디어가 물 흐르듯이 넘쳐날 것이다.

"이렇게 해보면 어떨까" "이런 내용을 사업화할 수 있는 가능성은 없을까?"

홍콩에 기반을 두고 있는 세계적인 부호 리자청 회장이 자신에게 엄청난 부를 가져다준 사업 기회를 잡은 장면을 상기해 보자. 1950년에 리자청은 장난감과 가정용품을 생산하는 플라스틱 공장을 세웠다. 사업은 그럭저럭 굴러가고 있었지만, 그에게는 걱정이 떠나지 않았다. 이미 플라스틱 장난감 시장이 포화 상태였기 때문에 그는 심각하게 다른 출구를 모색하고 있었다. 세상살이가 늘 그렇듯 일단은 궁해야 통한다. 그는 절실한 심정으로 기회를 찾고 있었다.

하루는 리자청이 그 날 해야 할 공부를 마친 후에 잡지를 뒤적이고 있었다. 〈플라스틱〉이라는 영문판 잡지였는데, 잡지 기사의 대목 하나가 그의 눈길을 끌었다.

"이탈리아의 한 회사가 플라스틱을 원료로 설계, 제조한 플라스틱 조화가 구미 시장에 덤핑될 것이다."

그의 머리 속에 '플라스틱 조화의 황금시대'가 도래할 것이라는 생각이 떠올랐다.

"지금은 평화로운 시기다. 사람들은 어느 정도 물질 생활이 보장되면 반드시 높은 질의 정신 생활을 추구하게 마련이다. 꽃 같은 식물을 재배하는 것은 확실히 심신을 수양하는 데 좋은 소일거리다. 그러나 매일같이 물을 주고, 잡초를 제거하며, 개화 시간이 짧은 생화(生花)는 긴장된 생활을 하는 요즘 사람들의 생활 리듬과는 잘 맞지 않는다. 그러나 플라스틱 조화는 가격이 저렴하고, 품질이 좋으며, 미관상 아름다워 사람들의 마음을 여유롭게 할 수가 있다."

이렇게 플라스틱 조화 시장의 잠재성을 읽어낸 리자청은 수천만 홍콩달러의 이윤을 남긴다. 그는 기회를 잘 포착해서 사업을 확장시켜 나갔고, 결국 세계적인 재벌로 성장하는 기틀을 마련하였다. 그의 인생은 책과 함께 열렸던 것이다.

책과 대화를 나누는 기술을 처음부터 익힐 수 있는 것은 아니다. 하지만 책을 가까이 하고 약간의 요령을 익힌 뒤 반복하다 보면 얼마든지 책과 대화를 나눌 수 있다. 뿐만 아니라 대화가 원활해지면 자연스럽게 책을 읽으면서 아이디어가 넘쳐나게 된다. 그래서 나는 여러분이 사업 아이디어를 얻고, 이를 이용해 인생에서 큰 성취를 일구는 데 도움이 되는 책읽기 활용 방법을 가볍게 여겨서는 안 된다는 점을 강조하고 있는 것이다.

◲ 저자와 대화하면서 사업 아이디어를 발견하라.

03 | 기회를 읽는 힘을 기른다

"비즈니스 기회는 선점(先占)에서 나온다." 먼저 기회를 읽어낼 수 있어야 한다. 이를 위해서 자신의 관련 업무 분야가 어떻게 변할지 앞을 내다볼 수 있어야 하는데, 이때 직관력과 통찰력이 큰 역할을 한다. 앞을 내다볼 수 없으면 항상 순간에 급급해 살아갈 수밖에 없다. 모든 사람이 똑같은 인생을 살아가는 것은 아니다. 명품 인생이 있는 반면에 중저가 인생도 있다. 누구든지 명품 인생을 원하지만 이는 쉽지 않다. 왜 그럴까?

어떤 분야에서 일을 하건 앞을 내다볼 수 있어야 한다. 앞을 내다볼 수 없다면, 남이 이미 곶감을 빼먹은 곳에서 시간을 보내게 마련이다. 이곳에서는 명품 인생을 일궈낼 가능성이 거의 남아 있지 않다. 물론 인생이란 워낙 다양한 요소들이 영향을 미치기 때문에 '이렇다, 혹은 저렇다'라고 단정적으로 이야기할 수는 없다. 그럼에도 불구하고 우리는 가능한 한 앞을 내다보기 위해 열심히 노력해야 한다.

도대체 세상이 어떻게 바뀔까? 지금 내가 하고 있는 일은 어떤 운명에 처하게 될까? 어디에서 기회가 올까? 나는 무엇을 준비해야 하는 것일까? 머리 속에는 항상 5년 후, 10년 후에 무엇으로 먹고 살 것인지에 대한 궁리가 떠나지 않아야 한다. 지금 당장 잘나간다고 뒷짐을 진 채 여유를 부려서는 안 된다. 지금 잘나간다고 해도 곧 한계에 부딪힐 가능성은 언제나 존재한다. 지금 이 순간에도 여러분의 운명을 뒤흔들지도 모르는 발명이나 발견이 계속해서 이루어지고 있기 때문이다.

도서관에 한번 가보라. 취업난 때문에 많은 젊은이들이 도서관에서 바늘 구멍처럼 통과하기 어려운 공무원 시험을 준비하거나, 별 가치도 없어 보이는 자격증 준비에 인생을 걸고 있다. 물론 큰 뜻을 가지고 공부하는 사람들도 있을 것이고, 별다른 출구가 없기 때문에 공부에 매달리는 사람들도 있을 것이다. 하지만 그들 가운데 5년 후, 10년 후, 또는 그 이후에 세상이 어떻게 변모할지 진지하게 고민한 끝에 수험 준비에 임하는 사람은 드물 것이다. 그들은 당장 급하니까, 당장 다른 방법이 없으니까 예전 사람들이 해오던 방법대로 공부하면서 귀한 젊음을 낭비하는 경우가 많다. 내가 보기에는 세상이 많이 바뀌었는데 말이다.

조그만 가게를 열더라도 시장조사라는 것을 한다. 그런데 누구도 대신할 수 없는 자기의 인생을 만들어나가면서 아무런 시장조사조차 하지 않는다는 것이 말이 되는가? 직장인이건, 사업가건, 학생이건, 농부이건, 여러분들이 어떤 일을 하고 있건 간에 앞을 내다보기 위해 어떤 구체적인 노력을 하고 있는지 깊이 생각해 보라. 나는 자본주의 사회에서 앞을 내다볼 수 없으면 가난하게 살 수밖에 없다고 생각한다. 그만큼 미래를 내다보는 능력이 중요하다.

누구를 만나든지 상대방이 자신의 분야에서 최고의 전문가라고 가정하고 물어보라. "당신의 사업은 앞으로 어떻게 될 것 같아요?"라는 질문을 던져보라. 아마 똑똑한 사람이라면 이렇게 대답할 것이다. "글쎄요. 제가 보기에 앞으로의 시대는……." 이런 대답을 귀동냥하는 것만으로도 많은 도움이 될 것이다.

휴대폰 소형화에 절대적으로 필요한 리튬 이온전지 케이스를 개발한 인물 오카노 마사유키의 경우를 보자. 그는 자신이 5년이나 10년 후를 예측할 수 있는 능력을 주로 현장 실무자들과 다양한 이야기를 나누는 과정에서 포착한다고 한다.

"정보를 가장 많이 알려주는 것은 확실히 사람이다. 텔레비전이나 비디오로는 늦다. 인터넷도 별반 빠르지 않다. 아무래도 기업이나 전문가들은 항상 미래를 읽고 있기 때문에 그들이 가장 빠르다. 하지만 정보의 바다에 그물을 던지지 않으면 어떤 정보도 걸리지 않는다. 평소에 생각을 하는 삶을 살아야 정보를 얻을 수 있는 것이다."

물론 현장 사람들을 직접 만나서 듣는 것이 좋은 방법이다. 그러나 제대로 된 현장 전문가들을 늘 만날 수는 없다. 오카노 마사유키처럼 직접 사업을 하는 경우가 아니라면 그런 사람들을 항상 만날 수는 없는 것이다. 그러면 어떻게 해야 할까? 미래를 읽어내는 기본을 스스로 다져나갈 수밖에 없다. 이를 위해 미래와 변화에 관련한 실용 서적을 꾸준히 읽으면서 맥락을 찾아내는게 중요하다. 이렇게 기초를 다져나가다 보면, 우선 미래의 변화에 대한 전체적인 트렌드를 읽을 수 있다. 뿐만 아니라 현장의 실무자들이 툭툭 던지는 정보도 정확하게 포착해 낼 수 있는 능력이 키워진다. 현장 실무자들의 이야기도 책읽기를 통해서 더욱 유익하게 활용할 수 있다.

"책 속에 돈이 있다"고 누군가 말한다면, 빠질 수 없는 장르의 책은 미래와 변화에 관한 서적들이다. 김경훈의 《한국인 트렌드》에는 새로운 시대의 인재상으로 '멀티태스커'가 제시된다. 이미 익숙한 용어지만 나는 그런 정보를 접할 때마다 이렇게 묻는다. '과연 멀티태스커가 트렌드가 될까?' '만약 그런 트렌드가 생겨난다면 직업 세계에는 어떤 영향을 미칠까?' '그것은 나의 미래에 어떤 영향을 미칠까?' '나는 어떻게 대비해야 할까?'

여러분은 책을 통해 끊임없이 미래와 대화를 나누어야 한다. 그렇게 구체적으로 노력을 기울이다 보면 미래를 내다보는 식견과 통찰력을 얻게 될 것이다. 여러분이 미래를 알기 위해 노력하면 할수록, 단지 자신이 일정 조직에 속해 있는 한 명의 조직 인간이 아니라 유능한 사업가로 탈바꿈해 가는 기분을 느끼게 될 것이다. 이는 실용독서가 주는 멋진 선물이다.

☒ 책을 통해 미래를 내다보는 식견을 기른다.

O4 | 창조력에 방아쇠를 당긴다

"눈은 마음의 창이라고 한다. 우리의 눈은 이노베이션의 창이라고도 말할 수 있다. 엄청난 이노베이션 성과도 대개는 작지만 성실하고 정밀한 관찰을 바탕으로 하고 있다. 그야말로 이노베이션은 눈에서 시작하는 것이다. 눈을 크게 떠라. 그러면 숨어 있는 혁신의 가능성이 눈앞에 펼쳐진다."

애플 마우스, PDA의 대명사인 팜파일럿 등의 디자인을 만들어 낸 IDEO사의 CEO 톰 켈리의 책에 나오는 대목이다. 이 말은 '모든 혁신은 눈에서 시작된다'는 단 한 문장으로 압축할 수 있다. 비즈니스 기회, 아이디어, 구상은 많은 경우 세심하고 주의 깊은 관찰에서 시작되는 경우가 많다. 눈에 보이지 않는 것의 가치가 점점 늘어나는 시대에 여러분이 누리게 될 물질적인 여유와 행복은 여러분이 관찰력을 어떻게 사용하는냐에 따라 좌우될 것이다.

고객을 상대로 무엇인가를 생산하거나 판매하는 사람이라면, 관찰력을 예리하게 다듬는 방법을 찾아 이를 습관화시켜야 한다. 어떻게 관찰력을 키울 수 있을까? 우선은 무엇이든 대충 넘겨버리는 습관을 버려야 한다. 게다가 '자신의 업(業)'에 대한 범위를 좁게 해석해서는 안 된다. "그것은 나와 아무런 관련이 없는데요"라고 말하는데 익숙한 사람이라면, 좀처럼 관찰력을 습관화시킬 기회가 없을 것이다. 물론 비즈니스 기회를 잡을 가능성도 한층 낮아지게 마련이다.

나는 실용독서야말로 관찰력을 작동시키는 '방아쇠(trigger)' 역할을 한다고 생각한다. 그러므로 평소에 꾸준히 다양한 분야의 실용독서를 하는 사람이라면, 특정 현상이나 사물을 마주 대할 때 다른 사람들이 볼 수 없는 것을 볼 가능성이 높아진다. 이때 꾸준한 독서는 마치 권총의 방아쇠와 같이 관찰력을 작동시킨다. 독서라는 투자를 행하지 않는 사람들의 경우엔 두뇌 속에 축적된 정보나 지식이 거의 남아 있지 않기 때문에 사물이나 현상을 대충 바라볼 가능성이 높다. 하지만 독서를 통해 특정 정보나 지식을 두뇌 속에 축적하고 있는 경우, 특정 사물이나 현상을 목격함과 동시에 '관찰하다(observe)'는 '창조하다(create)'로 전환될 수 있다.

대개 독서를 할 때 사람들은 모든 내용을 다 중요하게 받아들이지는 않는다. 한 권의 책 속에서 중요도에 따라 다양한 정보를 받아들인다. 비교적 중요도가 높은 정보를 중심으로 그 정보와 맥락이 비슷한 사물이나 현상을 관찰할 경우 혁신이나 개선을 위한 '스파크'가 일어날 가능성이 높다. 하지만 똑같은 사물이나 현상도 독서를 하지 않은 사람들에게는 아무런 의미도 없어 보이기 때문에 스쳐 지나가고 만다. 이미 두뇌 속에 데이터베이스의 형태로 정보가 입력되어 있지 않을 경우, 그만큼 관찰력과 창의력이 조합을 이룰 가능성은 낮아지게 된다.

독서가 관찰력을 예리하게 다듬는 데 이바지하는 또 다른 역할이 있다. 원리나 원칙을 읽는 것만으로는 충분하지 않다. 그래서 우리는 원리나 원칙이 어떻게 활용되는지 사례 연구를 통해 배우는 경우도 많다. 사례는 원리나 원칙이 현장에서 어떻게 사용되는지를 다룬다. 관찰력도 마찬가지다. 관찰력을 이렇게 사용하는 것이 좋다, 저렇게 활용하는 것이 바람직하다 같은 원칙만으로는 충분하지 않다. 어떤 분야에서 성공적으로 자신의 일을 추진해 온 사람들이 자신의 삶에서 관찰력을 어떻게 활용해 왔는가를 살펴보는 것도 의미가 깊다.

책읽기를 통해서 우리는 다양한 사람들이 다양한 방법으로 관찰력을 활용하는 사례를 익힐 수 있다. 사업 세계에서 큰 성취를 일궈낸 사람의 일대기를 보면, 그곳에는 자신의 인생에 멋진 기회를 제공했던 사례들이 나온다. 그런 사례들을 통해서 사람들은 관찰력을 어떻게 활용하는가에 대한 학습을 할 수 있다. 나는 그런 장르의 책을 읽을 때면, '사물이나 현상을 언제, 어떻게 관찰하는가?' '그것을 비즈니스에 어떻게 활용할 것인가?' 등과 같은 관점에서 책을 읽을 때가 많다. 이렇게 하다 보면 걸출한 성과를 만들어낸 사람들이 관찰력을 활용한 방법을 내 것으로 만들게 된다. 이런 사례들을 축적하다 보면 자기 나름대로 관찰법에 대한 패턴을 익힐 수 있다. '야, 정말 대단한데.' 이런 탄성을 불러일으키는 사례를 익히기 되면 알게 모르게 그것을 모방하고 있는 자신을 발견하게 된다.

어느 독자가 사업을 하면서 겪는 고충에 대해 이렇게 토로하였다.

"친하게 지내던 사장님이 저의 가게 맞은편에 같은 업종의 가게를 차렸네요. 경쟁, 매상에 대한 위기의식보다 사람에 대한 섭섭함이 더 커요. 어제의 동지가 오늘의 적이 된 셈이지요. 때문에 제 부족함에 대해 다시 한 번 생각하게 되고, 줄어드는 고객들을 보면서도 많은 것을 느낍니다. 공 박사님, 이성이 감정을 지배할 수 있는 방법이 있을까요. 마음을 추스리려고 하는데 생각만큼 잘 안 되네요."

그렇다고 해서 손을 놓고 있을 수는 없지 않는가? 기분이야 상하겠지만 그대로 주저앉을 수는 없는 일이다. 이런 질문을 받자마자, 나는 사업 초기, 월마트의 샘 월튼이 치밀한 관찰력과 상대의 예봉을 꺾는 전략으로 경쟁사에 대응했던 사례가 떠올랐다. 만일 내가 이메일을 보낸 분과 같은 상황에 처했더라도 비슷한 상황을 극복한 사례가 두뇌 속에 입력되어 있었다면 당당히 한판 승부를 전개할 수 있었을 것이다. 그래서 새로운 돌파구를 찾으라는 내용의 메일을 답신으로 보냈다.

"인생이란 게임 아니겠습니까? 인간적으로야 섭섭한 면이 있겠지만, 역경을 멋지게 활용할 수 있으리라 믿습니다. 오늘 메일을 읽으면서 소매점으로 성공하였던 월마트의 샘 월튼 회장이 사업 초창기에 겪은 일이 생각나네요. 코앞에서 경쟁사가 전쟁을 개시하였을 때 샘 월튼이 어떻게 했는지를 살펴보시면 힘이 될 것입니다. 게임하듯이 즐겨보세요. 모택동의 이야기처럼 사람과 사람이 다투는 것이 얼마나 즐거운 일인가를 생각하시면 도움이 될 것입니다."

샘 월튼이 처음 소매점 가게를 열었을 때, 길 건너편에는 존 던햄의 '스텔링' 상점이 있었다. 샘은 그곳에서 무슨 일이 일어나고 있는지 예의 주시하였다. 그가 가진 특유의 관찰력을 총동원해서 가격을 눈여겨보고, 디스플레이를 관찰하였으며, 언제나 존 던햄을 앞설 수 있는 방법을 찾는 데 여념이 없었다. 훗날 존 던햄이 은퇴한 후 샘 월튼을 만났을 때, 그는 "당신은 항상 우리 상점에 있었다"라고 말하면서 웃음을 터뜨렸다.

◥ **모든 혁신은 눈에서 시작된다.**

05 | 위대한 인물이 겪은 시련에서 배운다

누구나 살다 보면 위기 상황에 빠질 때가 있다. 도저히 어찌할 수 없는 상황이라 판단한 나머지 때때로 목숨을 끊는 등의 극단적인 선택을 내리는 사람들도 있다. 세월이 흐른 다음에 되돌아보면, '그때 왜 그렇게 비관적으로 생각하였을까?' 라고 의아해한 경험이 다들 한두 번은 있을 것이다.

몇 해 전, 세무 조사 때문에 어느 기업 사주의 부인이 투신 자살을 한 일이 있었다. 나는 그 기사를 보면서 이런 생각을 했었다. '이보다 훨씬 극한 상황에서도 고난을 견뎌낸 사람들도 많은데……. 시간이 흐르면 아무 일도 아닐 수 있는데, 남편과 자식들을 남겨둔 채 목숨을 끊어버리다니……. 훨씬 가혹한 역경 속에서도 고난을 견뎌낸 사람들의 불행한 사례들을 읽었더라면 자신의 문제를 좀더 새롭게 돌아볼 수도 있었을 텐데…….'

힐러리 여사의 자서전에도 비슷한 사건이 등장한다. 그녀가 백악관 시절 초창기에 경험하였던 비극적인 사건인데, 무려 14쪽이나 할애할 정도로 그 사건은 그녀에게 가슴 아픈 추억이었다. 아칸소 출신의 변호사로 빌 클린턴 대통령의 죽마고우였던 빈스 포스터가 권총 자살로 생을 마감한 사건이 바로 그것이다. 빌은 추도사에서 리언 러셀의 노랫말을 인용해서, "공간도 시간도 없는 곳에서 자네를 사랑하네. 목숨을 걸고 자네를 사랑하네. 자네는 진정한 내 친구일세"라는 말로 애도할 정도로 빈스는 빌 부부에게는 둘도 없는 친구였다.

빈스 포스터는 클린턴 행정부 초기 몇 개월 간 공보 비서관을 맡았다. 그러나 민주당 출신의 대통령과 아칸소라는 시골 출신의 변호사들에 대한 우익 언론들의 공격은 집요하였다. 대표적으로 〈월 스트리트 저널〉의 1993년 6월 17일자 사설은 '빈스 포스터는 누구인가?'라는 제목으로 빌 클린턴 행정부를 길들이기 위해 계속적인 공격을 감행한다. 정치 세계에 입문하거나, 대중 앞에 서기로 결심한 사람들은 때로는 언론의 근거 없는 공격이나 사생활 노출 등을 담담하게 받아들여야 한다. 만약 그런 각오가 서 있지 않다면 삶의 속도를 조금 늦추거나 정치 세계에 뛰어들지 않는 것이 바람직하다.

"빌과 나는 백악관에서의 역할에는 미숙했을지 모르나, 거친 정치 세계에서는 충분히 단련되어 있었다. 우리는 공격을 고립

시키고 우리의 현실 생활에 정신을 집중해야 한다는 것을 알고 있었다. 빈스 포스터는 그런 방어책을 전혀 갖고 있지 않았다. 그는 이 같은 문화에 익숙지 않았고, 비판을 너무 진지하게 받아들였다. 생애의 마지막 몇 주 동안 그의 마음속에서 무슨 일이 일어났는지는 영원히 알 수 없겠지만, 나는 그가 모든 비판을 가슴에 새기면서 고통과 비탄 속으로 점점 깊이 빠져들었으리라 믿는다. 그와 함께 좀더 많은 시간을 보냈더라면, 그가 절망에 빠진 징후를 어떻게든 빨리 알아차렸더라면 얼마나 좋았을까 하는 후회를 나는 죽을 때까지 떨쳐버리지 못할 것이다."

그가 극단적인 상태로 내몰리게 된 상황은 27조각으로 찢어진 채 발견된 유서에 이렇게 적혀 있다.

"나는 세상의 주목을 받는 워싱턴의 공직에는 맞지 않았다. 이곳에서는 사람의 인생을 망치는 것을 재미난 오락으로 생각한다……. 대중은 클린턴 부부와 그들의 충성스런 참모들의 결백을 결코 믿지 않을 것이다……. 〈월스트리트 저널〉의 논설위원들은 터무니없이 거짓말을 한다."

훗날 힐러리 여사는 사석에서 남부 출신의 유명한 소설가 스타이런과 이런 저런 대화를 나눌 기회가 있었다. 그들이 만나기 직전에 스타이런이 우울증과의 싸움을 그린 소설을 내놓은 터라 힐러리 여사는 그에게 빈스 이야기를 하였다. 그러자 스타이런은 이런 이야기를 해주었다.

"누구나 압도적인 상실감과 절망감에 사로잡히면 일상적인 고통과 방향 감각 상실에서 해방되고 싶은 충동에 사로잡혀 죽음이 바람직하고 합리적인 선택처럼 여겨질 수도 있다."

누구나 역경이나 고난과 대면하기를 원하지 않는다. 하지만 인생에서 그 같은 시간은 피할 수 없다. 사업 부진이나 실패, 실직, 가족의 죽음 등 인생에서 불가피한 사건들은 마치 숙명처럼 우리들 앞을 가로막는다. 이럴 때 당면한 곤경을 너무 진지하게 받아들일 필요는 없다. 영어로 표현하자면 '투 머치 시어리스(too much serious)'하게 생각할 필요가 없는 것이다. 스쳐 지나가는 열대 지방의 스콜 정도로 여기면 그만이다.

내가 잠시 머물렀던 휴스턴에는 스콜이 자주 지나갔다. 폭우가 쏟아질 때는 영원히 폭우가 계속될 것만 같다. 그러나 얼마 지나지 않아 언제 그랬냐는 듯이 하늘은 맑게 개이고 다시 뜨거운 태양이 대지를 데운다. 그때는 몰랐지만 우리네 삶도 그런 것이 아닌가 하는 생각이 요즈음 자주 든다.

고난, 곤경, 역경도 마찬가지다. 독서의 폭을 넓혀보라. 그곳에서 우리는 자신이 처한 곤경이나 고난보다 훨씬 가혹한 상황에서도 고통을 견뎌낸 사람들의 눈물겨운 이야기를 읽을 수 있다. 이를 통해 사람들은 비로소 자신의 문제를 새롭게 되돌아본다. 그리고 위안을 받는다. 인생에서 만나게 되는 다양한 고난들이 자신만의 특수한 경험은 아니라는 사실을 새삼 깨우치게 되는 것이다. 그리하여 사람들은 관점을 달리함에 따라서 어려움을 극복할 수 있다고 생각하게 된다.

곤경에 처했을 때 누군가를 만나 자신의 억울함을 털어놓을 수도 있다. 하지만 이때 책과 대화를 나누어보라. 시공을 초월해 고난 속에서 감동적인 삶을 일구어낸 사람들의 이야기를 읽으면 여러분이 겪는 어려움은 그리 큰 문제가 아니라는 것을 깨닫고 다시 일어설 수 있을 것이다. 만일 여러분이 다른 사람들의 경험을 기록한 책을 부지런히 읽게 되면, 여러분은 인생에서 만나게 되는 다양한 고난과 곤경을 이겨낼 수 있는 힘을 축적하게 된다. 그런 독서는 미래를 위한 든든한 투자임에 틀림이 없다.

ⓧ **독서를 통해 고난을 이겨낼 수 있는 힘을 기른다.**

06 | 닮고 싶은 인물을 철저히 연구한다

"11월의 어느 우울한 아침(편집자 주: 참담한 중간선거의 패배로 백악관 분위기가 최악이었던 상태), 대통령 집무실에서 회의를 거친 뒤 잠깐 내 사무실에 들렀을 때, 책상 위에 놓아둔 엘리너 루스벨트의 액자 사진이 언뜻 눈에 들어왔다. 나는 루스벨트 여사의 열렬한 팬이어서 오래 전부터 여사의 초상 사진과 기념품을 수집해 왔다. 여사의 차분하고 단호한 얼굴을 보자 그녀의 명언이 마음에 되살아났다. '여자는 티백(teabag)과 같아서 뜨거운 물에 빠지기 전에는 얼마나 강한지 아무도 모른다.'"

힐러리 여사의 자서전에 나오는 대목이다. 아마도 힐러리 여사는 자기 계발서의 원조에 해당하는 맥스웰 몰츠의 《성공의 법칙》을 읽었을지도 모른다. 왜냐하면 이 책은 미국에서 가장 많이 팔린 자기 계발서 가운데 한 권으로, 위의 장면은 맥스웰 몰츠 박사가 독자들에게 강력하게 권유하는 내용, 즉 '성공한 인물 한 사람을 철저하게 연구하라' 라는 조언을 연상시키기 때문이다.

"한 사람을 정해 한 달 간 철저하게 연구하라. 그 사람 식으로 생각하는 게 너무나 익숙해져서, 마치 그 사람과 마주앉아 우리의 상상력에 불을 지펴줄 만한 대화를 나누고, 솔직한 충고와 지도를 요청할 수 있을 정도라고 느끼게 될 만큼 말이다."

그런데 힐러리 여사가 맥스웰 몰츠의 조언을 따랐음을 확인할 수 있는 대목이 있다.

"나는 연설할 때 종종 농담 삼아 말하곤 한다. 어떤 문제가 생길 때마다 루스벨트 여사와 가상의 대화를 나누면서 도움말을 청한다고. 마음속에 떠올릴 사람을 제대로 고르기만 한다면 그 사람과 상상 속의 대화를 나누는 것은 문제를 분석하는 데 도움이 된다. 내 경우 엘리너 루스벨트는 이상적인 상대였다. 나는 루스벨트 여사의 발자취를 따라가고 있었다. 내가 과감하게 발을 내딛고 보면, 그곳에는 벌써 그분의 발자국이 새겨져 있었다. 엘리너는 민권, 아동 보호, 난민, 인권 같은 나에게 중요한 문제들을 많이 옹호했다."

말하자면 힐러리 여사의 '역할 모델'은 엘리너 루스벨트 여사다. 역할 모델은 일종의 흉내 내기다. 그것은 자신이 닮고 싶은 삶을 이미 살았거나 살고 있는 특정 인물을 본보기로 정해 삶의 목적, 행동, 언변, 대화, 판단, 생활 스타일의 지침으로 삼는 것이다. 인생의 모든 국면에서 역할 모델이 같을 필요는 없다. 세월에 따라 자신의 역할 모델이 달라질 수 있다. 물론 본받고 싶은 일생을 살아간 인물을 직접 만날 기회를 얻을 수도 있겠지만, 대부분은 책에서 이들을 만나게 된다.

만일 제대로 된 역할 모델을 선택했을 경우, 여러분은 어떤 삶을 살아야 하는가에 대한 해답을 찾을 수 있을 것이다. 게다가 어떤 역할 모델을 받아들인다는 사실은 자신의 가치관과 세계관을 선택하는 것과 밀접한 관련이 있다. 평범한 삶과 비범한 삶, 평균적인 삶과 열정적인 삶, 적당히 사는 삶과 치열한 삶 가운데 어떤 삶을 선택하느냐는 역할 모델에 의해 크게 영향을 받는다. 대충 살아가는 사람들만을 대해본 사람이라면, '누구에게나 삶은 그런가 보다'라고 생각하게 된다.

여러분은 주변에서 역할 모델을 찾을 수 있다. 그러나 아주 이상적인 역할 모델을 주변에서 만나기란 쉽지 않다. 게다가 선택의 폭도 좁아지게 된다. 나는 아이들에게 자신의 분야에서 멋진 삶을 만들어가는 다양한 사람들의 삶을 보여주려고 노력한다. 왜냐하면 나는 청소년기를 그렇게 보내지 못했다는 아쉬움이 남아 있는 데다가 삶의 지표를 선정하는 데 도움이 되기 때문이다.

내가 가치관과 세계관을 선택하는 데 있어 가장 큰 영향을 끼친 역할 모델은 고전적 자유주의자이자 노벨 경제학상을 수상하였던 사회철학자 프리드리히 폰 하이에크다. 나는 그의 학문 세계에서 큰 인상을 받았다. 나의 심성 깊숙이 내재해 있던 개인적 자유에 대한 믿음이나 책임은 그의 저서를 통해서 하나하나 체계화될 수 있었다. 나는 지금도 그와의 만남을 대단한 행운이라 생각한다. 나는 그의 저서와 삶의 기록들을 찬찬히 읽었다.

물론 나는 그를 한번도 만난 적이 없지만, 그의 책을 통해서 내가 어떤 삶을 살아야 할지에 대한 큰 가르침을 얻었다. 나의 30대의 활동은 그의 사상적 토대 위에서 이루어졌다. 그리고 연구소를 창립하기 위해 힘쓸 때에는 고전적 자유주의(한국적 의미의 보수주의) 계열의 '싱크탱크'를 만들어냈던 아틀라스 경제재단과 영국 IEA의 어빙 피셔, 미국 기업연구소(AEI)와 케이토(Cato), 그리고 헤리티지 재단 창립자들의 삶을 부분적으로 벤치마킹하기도 하였다.

나에게 역할 모델이란 고정된 것이라기보다 끊임없이 변화해 왔다. 여전히 나의 인생관, 세계관, 그리고 믿음과 신념은 고전적 자유주의에 뿌리를 내리고 있다. 어떤 사람들은 직업이 바뀜에 따라 나의 신념 역시 바뀌지 않았을까 생각하기도 하지만 결코 그렇지 않다. 자기 경영, 자조, 자기 계발, 리더십 등 내가 다루는 모든 주제는 고전적 자유주의의 맨 끝자락에 위치한 개인과 관련된 일이라고 보면 된다. 30대에는 고전적 자유주의의 윗자락에 놓인 국가와 사회를 주로 다루었을 뿐이다.

나는 독서를 통해 멋진 역할 모델을 찾았다. 그리고 지금도 다양한 독서를 통해 부분적으로 역할 모델을 찾는 작업을 계속하고 있다. 책을 읽는 순간 여러분은 누구든지 인생의 멘토(mentor)를 구할 수 있다.

◥ **독서를 통해 멋진 역할 모델을 찾는다.**

07 | 상상력과 공감력을 키운다

"소설 읽기의 즐거움은 등장인물과 자신을 동일시하면서도 등장인물이 어려움에 처했을 때, 이는 책 속에서 일어나는 일이라 자신은 경험하지 않아도 된다는 안도감에서 온다. 소설을 읽을 때, 당신은 다른 누군가가 되는 동시에 자아의 중심을 잃어버리지 않는다. 이것은 역할놀이(role playing)와 비슷한 것인데 나는 그것을 의사–자아(pseudo-self)라고 부른다. 이것은 옷가게에서 옷을 한번 '입어보는 것'과 비슷하다. 이 옷이 내 마음에 드는가? 아니면 저 옷이 내 마음에 드는가? 이때 선택한 옷이 나한테 딱 맞아 편안한 느낌을 줄 경우 옷을 구입하면 되고, 그렇지 않을 경우 무시해 버리면 된다.

소설의 주인공과 완전한 동일시를 이루게 되면 당신은 그리스 사람들이 말하는 카타르시스를 경험하게 된다. 이것은 소설 속

주인공의 고통과 슬픔에 공감하는 감정인데 종종 눈물을 흘리는 형태로 나타난다. 이러한 감정의 배설을 통해 사람들은 자아의 숨겨진 측면에 대한 이해와 통찰을 얻게 된다. 이런 강력한 정서적 반응의 근원을 성찰함으로써 인지(발견)의 충격을 받게 되는 것이다. 이런 '인지'의 관점에서 볼 때 사람들은 언제나 자기 자신에 관한 이야기를 읽고 있는 것이다."

이 글은 조셉 골드의 저서 《비블리오테라피》에 나오는 한 대목이다. 상상력을 키우고 작품 속의 인물과 공감하는 데는 스케일이 큰 고전 문학만한 것이 없다. 그리고 짧은 시간 안에 그런 감흥과 실용성을 동시에 얻을 수 있는 책들은 개인의 일대기를 다룬 작품들이다. 그 밖에 다수의 실용서 역시 역할놀이를 체험할 수 있는 기회를 제공한다.

예를 들어 여러분이 9.11테러의 혼란 속에서 뉴욕 시를 이끌었던 루돌프 줄리아니 시장의 자서전을 읽는다고 해보자. 《루돌프 줄리아니》라는 책의 곳곳에는 위기에 처한 지도자들이 어떻게 처신해야 하는지와 관련된 대목들이 많이 나온다. 전혀 예상치 못했던 최악의 사건에 직면하여, 상황을 잘 파악하고 허둥대지 않으면서 차근차근 문제를 해결해 가는 줄리아니 시장의 리더십에서 많은 것들을 배울 것이다. 줄리아니의 책을 몰입해서 읽다 보면 마치 자신이 루돌프 줄리아니 시장인 것처럼 상황을 받아들이고, 생각하고, 결정을 내리고 있음을 알아차리게 될 것이다. 공감과 상상력만 가동된다면 조셉 골드의 지적처럼 옷을 직접 입어보지 않더라도 마치 옷을 입은 것과 같은 촉감과 분위기를 경험할 수 있는 것이다.

견고한 전통과 관습, 그리고 화려한 역사를 가진 회사에 외부인이 들어가면, 당연히 통과의례란 것이 있다. 정도의 차이가 있겠지만 보통 통과의례는 대단히 가혹하다. 그런 어려움을 견뎌낸 사람들만이 자신의 경력을 한 단계 높이 쌓을 수 있다. 그러나 그냥 좌절해 버리면 그 다음 스토리를 쓸 수 없다. 어떻게 그런 상황에 대처할 것인가? 힘겨운 경험들이 후에 약이 될 수 있겠지만, 많은 사람들은 첫 번째 관문에서 그냥 주저앉아 버린다. 훗날 '그때 다르게 행동했더라면.' 하는 아쉬운 마음이 들더라도 더 이상 기회가 주어지지 않을 수도 있다. 참담한 실수나 실패를 겪지 않고도 안전하게 어려운 상황을 피해갈 수 있는 체험을 해볼 수는 없을까?

닛산 자동차를 정상화시킨 카를로스 곤의 자서전 《르네상스》나 HP의 경영자로 영입되어 걸출한 성과를 기록한 칼리 피오리나의 자서전 《칼리 피오리나》와 같은 저서들은 외인부대로 출발하는 사람들이 직면하게 되는 다양한 어려움들을 극복할 수 있도록 많은 조언을 해준다. 평소에 우리는 그런 책들을 공감하면서 읽어둘 필요가 있다. 그렇게 읽어두면 여러분이 비슷한 상황에 처하게 되었을 때 독서의 진면목을 확인할 수 있을 것이다.

자신이 경험하는 일들이 낯설거나 생소한 일이 아니라는 사실을 알게 되면 문제의 절반 이상은 해결된 셈이다.

직장에 문을 두드렸으나 여러 번 거절당한 경험이 있거나, 세일즈 현장에서 '노'라는 이야기를 수시로 듣게 되면 대개의 사람은 실망감과 좌절감에 빠진다. 지금은 전세계인을 상대로 영향력을 미치는 토크쇼를 진행하고 있지만, 한때 지방 방송국에서 자리를 잡기 위해 안간힘을 쏟았던 래리 킹의 책《래리 킹, 대화의 법칙》을 읽어보라. 아마도 그곳에서 여러분은 자신의 자화상을 만날 수 있을 것이다. 물론 힘과 용기도 아울러 얻을 것이다. 실제로 나는 그런 대목들을 만날 때마다 큰 힘을 얻는다. 때때로 나는 다시 일어설 수 있는 힘과 용기를 얻곤 한다.

"나는 라디오 방송에 대한 꿈이 실현되기를 기대하면서 3주 동안 일자리도 없이 방송국 주변을 어슬렁거리고 있었다. 방송 책임자인 마셜 시몬즈는 '당신 목소리는 아주 훌륭하다. 하지만 빈자리가 없다'면서 어떤 일자리도 주지 않았다. 그러나 나는 포기하지 않았다. 시몬즈에게 라디오 방송에 대한 나의 열정을 보여주고 기회를 잡을 때까지 기다릴 수 있다고 말했다. 결국 나는 다음에 빈자리가 생기면 채용하겠다는 약속을 받아냈다……. 부룩클린을 떠나 마이애미로 올 때 확실한 것은 그것뿐이었다. 그때 나는 무일푼이었고 겨우 잠잘 곳만 마련한 상태였다. 나는 매일 방송국에 나갔다……. 그렇게 3주가 지난 어느 날, 디제이가 갑자기 일을 그만두었다……. 나는 밤낮을 가리지 않고 디제이 일을 자청했다. 방송을 할 수 있는 기회라는 기회는 모두 잡았다. 나의 목적은 방송이었고 방송에서 성공하는 것이었다. 그래서 테드 윌리엄스가 타격 연습이 필요할 때 열심히 방망이를 휘둘렀던 것처럼 나 역시 그래야 한다고 다짐했다. 언제나 별도의 연습을 했다."

이런 대목을 읽을 때마다 나는 이 책의 작중 인물은 래리 킹이 아닐 수도 있다는 생각이 들곤 한다. 1957년 5월 마이애미 방송국의 주인공은 바로 여러분 자신일 수 있다. 인물을 다룬 책뿐만 아니라 논픽션 성격을 지닌 책들이 주는 묘미는 자신이 마치 책 속의 인물처럼 공감하고 상상하고 그것을 통해 배워나간다는 점이다.

◰ **개인의 일대기를 다룬 작품들은 역경 극복의 조언자 역할을 한다.**

08 | 인간경영의 노하우를 배운다

"어떤 사람은 날 때부터 관대하고, 반대로 어떤 사람은 날 때부터 표독스럽다. 어떤 사람은 감정대로 움직이고, 어떤 사람은 감정이 결여되어 있는 것처럼 보인다. 나이를 먹어갈수록 나는 더욱더 다른 사람의 성격을 고칠 수 없다는 확신을 갖게 되었다. 그러나 코미디언으로 일하든, 세일즈맨으로 일하든, CEO로 일하든 간에, 나는 다양한 인간성을 이해하려고 노력하고 있다. 나의 생계는 사람들이 어떻게 생각하고, 일을 하고, 행동하는가에 대한 깊은 통찰력에 의해서 좌우되고 있다. 이해력이 좋아지면 좋아질수록 나의 선택도 좋아져서 우리 회사를 더욱 번영시켜 나갈 수가 있다."

이 말은 코미디언 출신으로 아메리카 빠이롯트 펜 사의 최고 경영자 자리에 오른 론 쇼의 지적이다. 조직과 사회 생활은 인간관계를 빼놓고 이야기할 수 없다. 만일 여러분들이 리더의 위치에 서 있다면, 부하들을 어떻게 대해야 할지 고심한 적이 한두 번이 아닐 것이다.

만일 여러분들이 직장 생활을 하고 있다면 상사와 부하를 어떻게 대해야 할지 고민한 적이 한두 번 정도는 있을 것이다. 마찬가지로 여러분들이 고객을 대해야 한다면, 그들을 제대로 이해해야만 물건이든 서비스든 팔 수 있다.

인간성을 제대로 이해하는 것은 어떤 직종에 있건 매우 중요한 일이지만, 이를 체계적으로 가르치는 곳은 없다. 사회 생활을 하면서 사람들이 새삼 깨우치는 것은 인간관계의 미묘함이다. 대다수 사람들은 실수를 통해 이를 배운다.

크고 작은 비용을 지불하면서 인간관계를 배워나가는 것이 때로는 상대방에게 이용당하거나 배신당하면서 사람에 대한 '순진한(naive)'한 환상이 점차 깨지게 된다. 물론 사람을 이해하는 출중한 능력을 타고난 사람들도 있다. 그것은 세상을 살아가는 데 아주 유익한 도구이자 경쟁력이기는 하지만, 대부분의 사람은 그렇지 못하다.

사람들을 의심할 필요는 없지만, 사람을 바라보는 시각은 끊임없이 교정받고 검증받아야 한다. 대개의 사람들은 자신의 마음을 믿듯 타인을 믿는 경향이 있기 때문이다. 사업 세계건 정치 세계건 사회는 개인의 이익이 치열하게 격돌하는 현장이다. 이곳에서 자신의 안위와 성공을 구하는 사람이라면 인간을 바라보는 시각을 재정립해야 한다. 모반이나 정변 등의 대부분은 인간관계로부터 온다. 인간의 역사를 되돌아보라. 그곳에는 사람을 제대로 읽지 못함으로써 역사의 뒤안길로 사라져 버린 사람들로 가득 차 있다.

힐러리 여사는 "정치 생활은 인간성을 끊임없이 가르치는 평생 교육 과정이다"라고 말한다. 어디 정치 생활뿐이겠는가? 원맨쇼가 아닌 이상 직간접적으로 상대방과 이해관계가 얽히면 어김없이 인간성의 진면목을 배울 수 있다. 하지만 나는 직접 체험하는 것만으로는 충분하지 않다고 생각한다. 과거의 사건을 그냥 이해하거나 바라보는 것만으로 제대로 된 인간성을 배울 수 없다. 효과적으로 인간성을 배우려면 직접 체험하는 동시에 인간성을 이해하기 위한 투자를 해야 한다.

'인간은 어떤 존재인가?' '인간성에는 어떤 측면이 있는가?' '특정 상황에서 인간은 어떻게 행동하는가?' 등과 같은 질문에 대한 해답을 찾아가는 독서를 꾸준히 해야 한다. 살아 숨쉬는 인간, 자신의 이익을 관철하기 위해 치열함으로 가득 찬 인간의 모습을 알고 싶을 때 마키아벨리의 《군주론》과 《정략론》을 읽으면 도움이 될 것이다.

"다음 두 가지는 절대로 경시하지 말아야 한다.

첫째, 인내와 관용으로 대한다고 사람의 적의(敵意)를 용서하킬 수 있다고 생각해서는 안 된다.

둘째, 보수나 원조를 제공한다고 해서 적대관계를 호전시킬 수 있다고 생각해서는 안 된다."

"인간이란 어려움이 조금이라도 예상되는 사업에는 언제나 반대한다.… 인간이라는 것은 현재 갖고 있는 것에다 새로운 것을 가질 수 있다는 보장이 없으면 현재 갖고 있는 것조차 가졌다는 기분이 들지 않는 법이다."

시오노 나나미의 《로마인 이야기》와 같은 논픽션물 곳곳에도 인간의 진면목을 드러내는 경구와 사례들이 자주 나온다. 그런 책들을 읽다 보면 사람이란 설령 국가와 민족이 다르고 살았던 시대가 다르더라도 비슷한 성향을 타고난다는 사실을 알아차릴 수 있다. 때문에 현장에서 직접 부대끼고 책을 통해 보완하면 인간성을 이해하는 데 많은 도움을 받을 수 있다. 효과적인 독서란 인간성을 이해하는 저비용 고효율의 도구라는 생각이 든다.

시오노가 즐겨 인용하는 카이사르 시저의 문장에 인간적인 너무나 인간적인 대목이 나온다.

"대부분의 사람들은 자기가 보고 싶어하는 것밖에 보지 않는다."

이 같은 카이사르 시저의 지적에 대해 마키아벨리는 이와 비슷한 인간성의 측면에 대해 다음과 같이 말한다.

"인간은 흔히 작은 새처럼 행동한다. 눈앞의 먹이에만 정신이

팔려 머리 위에서 매나 독수리가 덮치려 하고 있는 것을 깨닫지
못하는 참새처럼 말이다."

09 | 정보의 선별 능력

정보가 폭주하는 시대다. 그런 경향은 멈출 기미가 전혀 보이지 않는다. 날이 가면 갈수록 정보량은 증폭할 것으로 전망된다. 인터넷에서 소통되는 정보량은 1995년 4월 이후 약 1,000배 이상 증가하였다. 조지 길더는 《텔레코즘》이란 책에서 인터넷은 갈수록 더 크고 복잡한 정보를 실어나르기 때문에 3년에서 5년마다 1,000배, 그리고 10년마다 100만 배 이상 정보의 양이 치솟을 것이라고 전망하고 있다. 실제로 지금 이 순간에도 대단한 양의 정보가 축적되고 있다.

정보의 홍수, 데이터의 홍수는 조지 길더의 지적대로 광섬유 기술, 상위 스펙트럼 통신기술, 무선 통신망 기술이 어우러지면서, 현재와 같은 좁은 대역폭이 엄청난 속도로 무한한 정보량을 소화할 수 있는 대역폭으로 확장되면 그야말로 날개를 달게 될 것이다. 조지 길더의 책 속에는 내가 그리는 미래의 직장인과 거의 일치하는 전망이 등장한다.

"인류는 일을 통해 번영을 구가해 왔기 때문에, 사람들 대부분은 더 가치 있는 경제 활동을 수행하기 위해 해방된 시간을 사용할 것이다. 인터넷을 통해 사람들은 훨씬 효율적으로 일할 수 있다. 세계 곳곳의 전문가와 함께 일할 수 있고, 장소와 상관없이 어떤 시장에도 접근할 수 있을 것이다. '가내 기업'이 우후죽순처럼 생겨나고 그들 중 상당수가 중요한 기업으로 성장할 것이다. 시간과 재능을 낭비하는 계층 구조에서 풀려난 사람들은 자신들이 가장 잘할 수 있는 일을 찾아 더욱 효과적으로 목표를 추구할 것이다. 다른 사람들에게 봉사함으로써 수익이 생겨나는 자본주의 구조에서, 많은 사람들이 인생의 목표이자 의미라고 생각했던 '여가의 즐거움'을 추구하는 것보다 기업가로서 창의적인 열정을 발산하는 것이 도덕적으로 더 바람직한 일이 될 것이다."

내가 책을 읽으면서 느끼는 즐거움과 유익함은 바로 이런 대목이다. 내가 갖고 있던 가설을 이렇게 다른 사람의 생각이나 의견을 통해 공감하게 되면서 더욱 확신하게 된다. 게다가 그렇게 받아들인 정보는 단순히 정보에 머무는 것이 아니라, 고객에게 부가가치를 제공할 수 있는 지식화의 길을 걸어가게 해준다. 그런데 문제는 이런 정보는 어떻게 알아내는가, 그리고 얼마나 빨리 알아내는가이다. 조지 길더의 최근작만 하더라도 부피가 무려 460페이지나 되는 두꺼운 책이기 때문이다. 이 책을 처음부터 끝까지 꼼꼼히 읽고 나서야 정보를 찾아낼 수 있다면 크게 남는 장사는 아니기 때문이다.

이제는 정보가 부족해서 무엇인가를 할 수 없는 시대는 갔다. 정보의 바다 속에서 지식을 만들어내는 데 필요한 정보를 얼마나 신속하고 정확하게 선별해 내는가 하는 문제가 매우 중요해졌다. 여러분은 '병아리 감별사' 라는 말을 들어보았을 것이다. 병아리가 부화장에서 부화한 지 24시간 이내에 0.1에서 0.3cm의 작은 생식기를 만져보고 신속 정확하게 암수를 구분하는 기능인을 말한다. 지금은 그렇지 않지만 1970년대만 하더라도 병아리 감별사는 꽤 괜찮은 직업이었다. 병아리 감별 기술에 있어 핵심 요소는 작은 손과 손끝의 유전적 감각 능력이다. 나는 정보의 홍수 속을 살아가는 우리들에게 요구되는 능력이 바로 이에 비유될 수 있다고 생각한다. 엄청난 정보 속에서 자신의 업무와 관련해서 직간접적으로 필요한 정보를 신속 정확하게 선별해 내는 능력이 요구되는 것이다. 이때 핵심은 정보를 선별하는 속도와 정확성이다.

'두뇌가 공장을 대체하는 시대' 에 정보는 두뇌라는 공장의 원료에 해당된다. 신속, 정확하게 원료에 해당하는 정보를 지속적으로 모아 활용할 수 있다면, 그만큼 큰 부가가치를 낳을 수 있는 지식을 축적할 수 있다. 좁은 분야에 국한되지 않고 좀더 다양한 분야로 독서의 폭을 넓혀갈 때 가질 수 있는 능력 가운데 한 가지가 정보를 신속히 변별할 수 있는 능력이다.

조급하게 굴지 않고 다양한 분야의 독서를 꾸준하게 하면, 어떤 정보를 접하는 순간 쓸모 있는 정보인지 버려야 할 정보인지 금세 알아차릴 수 있다. 저명한 소설가 스티븐 킹은 다양한 독서를 통해 평범한 작품과 아주 한심한 작품들을 선별할 수 있는 능력을 축적해 간다고 말한 적이 있다.

마찬가지로 독서를 통해서 쓸모 있는 정보와 쓸모없는 정보를 나누는 능력을 키워야 한다. 어떤 정보를 이용해 지식화해야 할지 알 수 없다면, 그것은 곧 부가가치를 낳을 수 있는 지식을 축적할 수 없다는 뜻이다. 그렇다고 해서 정보가 폭주하는 시대에 모든 정보를 꼼꼼히 챙길 수도 없는 일이다.

미래는 시간에 대해 과거와 다른 엄격한 태도를 우리에게 요구할 것이다. 여러분은 무의식적이고 별다른 의식 없이 시간을 낭비해 왔던 시대에서 시간이 결정적인 희소 자원인 시대를 살게 될 것이기 때문이다. 여러분 자신이 투입하는 시간 단위당 쓸모 있는 정보를 신속하게 선별해 낼 수 있는 능력이 개인의 생산성이나 역량을 결정하는 중요한 부분이 될 것이다. 그런데 독서량이 늘어나면 늘어날수록 정보를 선별하는 능력도 함께 강화된다.

정보의 변별 능력과 관련해 소설가 에드거 앨런 포의 이야기에 귀를 기울여보자.

"책을 많이 읽을수록 독서력은 기하급수적으로 강해진다. 독서광이라 불리는 사람들은 한눈으로 여러 대목을 살피며 읽어내고 요점만 잘도 골라낸다. 이에 따라 필요한 대목을 스스로 활용할 수 있는 것이다."

↘ 이 시대의 핵심은 정보를 선별하는 속도와 정확성이다.

IO | 어느 때든 훌쩍 떠날 수 있는 행복

"행복이란 무엇인가?" 이따금 이런 질문을 던질 때가 있다. 대부분 머리를 스쳐 지나가는 행복 목록들은 소소한 것들이다. 아이들의 사진이나 아이들이 그린 그림을 볼 때, 아이들의 메일을 읽을 때, 아내와 이야기를 나눌 때, 조깅을 할 때 등이 목록에 등장한다. 이때 우선순위가 높은 것 가운데 한 가지는 책과 관련된 것이다. 나는 '책을 살 수 있는 여유와 읽을 수 여유'를 갖고 있기 때문에 무척 행복하다는 생각을 한다.

책을 가까이하는 사람들이라면 책을 읽을 때의 행복감이 어떤 느낌인지 잘 알고 있을 것이다. 누군가 나에게 어떤 느낌이냐고 묻는다면, 한번도 가보지 않은 미지(未知)의 세계를 여행하는 기분을 경험한다고 말할 것이다. 새로움은 항상 설렘과 함께 한다. 새 책을 들고 서문이나 목차를 지나 작가의 세계로 들어가면 그곳에서 수많은 만남을 가지게 된다. 새로운 정보, 새로운 사실, 새로운 지식, 새로운 감흥과 감동을 체험하게 된다.

독서 평론가 이권우는 이를 두고 '이크의 책읽기'란 멋진 용어를 사용한다. 이는 자신도 모르는 사이에 놀라움에 가까운 지적 충격이 와닿는 독서를 말한다. 즉 "이크! 이것도 모르고 있었네!"라든가 "이크! 이건 내가 미처 생각지 못했던 거네!" 같은 상태를 경험하는 책읽기인 것이다. 좋은 책이든 나쁜 책이든 간에 읽다 보면 '이크'를 경험하기 때문에 책읽기는 늘 즐거움을 준다.

지금 이 글도 어김없이 새벽에 쓰는 글이다. 어제 저녁 일이 생각난다. 일을 마무리하고 책상을 정리한 다음, 그냥 비스듬히 누웠다. 이때 며칠 전에 받았지만, 아직 손이 가지 않았던 책 한 권이 눈에 띄었다. 《탈무드와 비즈니스》란 책인데, 유태인들이 《탈무드》의 진리를 사업 세계에 어떻게 적용하고 있는가를 다룬 책이었다. 물론 간간히 《탈무드》를 읽기도 하고, 유태인들에 대한 책을 읽기도 하였다. 하지만 그 책은 내게 또 다른 감동을 가져다주었다.

'이크, 유태인들이 비즈니스 세계에서 월등한 성취를 일궈내는 이유가 여기 있구나.'

'이렇게 현실적인 교훈을 일찍부터 배우고, 성인이 되어서도 늘 가까이 접하는데 어찌 성공하지 못하겠는가.'

나는 이런 심적 상태를 경험하면서 즐거움도 느끼고, 자극도

받고 궁극적으로는 휴식도 취한다. 일상의 속도감에서 오는 긴장을 완화하고, 느긋함 속에서 재충전을 통해 자신을 추스르게 된다. 쉰다는 것은 마냥 풀어져 있는 것과 다르다. 나는 수동적으로 텔레비전과 함께 하였을 때 오는 허탈감을 잘 알기 때문에 제대로 쉬는 일에 관심이 많다. 책과의 적극적인 쌍방향 커뮤니케이션으로 큰 위안과 휴식을 얻을 때가 많다. 영상 매체가 도저히 제공할 수 없는 꽉 찬 듯한 심적 상태는 책만이 제공할 수 있는 느낌이다.

일상은 반복된다. 살아가는 일은 대부분 정해진 틀을 갖고 있다. 나처럼 매일매일 새로운 고객들을 상대로 강연을 하는 경우에도 외관상으로 보면 반복을 피할 수는 없다. 반복은 자칫하면 매너리즘을 낳기 쉽다. 일단 매너리즘에 빠져들기 시작하면 매사가 시들하고 재미가 없어진다. 때문에 일상이 갖고 있는 구조적인 문제점을 해결할 수 있는 방법을 갖고 있어야 한다.

책을 읽는 것은 언제, 어디서나 물리적인 시간과 공간에서 벗어날 수 있음을 뜻한다. 실제로 나는 그렇게 휴식을 취하고 있다. 괌이나 푸켓으로 휴가 여행을 떠나는 것처럼 비용과 시간을 들여서 비행기를 타고 멀리 떠나는 일도 나름대로 의미가 있을 것이다. 하지만 언제, 어디서든 원할 때마다 훌쩍 떠날 수는 없는 일이다. 그런데 책읽기는 만나고 싶은 사람이 누구든, 가고 싶은 곳이 어디든 간에 생생한 체험의 장을 제공한다. 물론 직접 방문해서 갖는 즐거움과는 차원이 다르겠지만, 책읽기가 주는 색다른 묘미 또한 무시할 수 없다.

넉넉한 그림이나 사진이 들어 있는 책은 여행에 필적할 만한 휴식을 제공할 수 있다. 그 장소에 가보지 않더라도 마치 그곳을 방문한 것처럼 저자의 안내를 받으면서 상상의 나래를 펼 수 있다. 요즘 읽고 있는 이동활의 《유럽 클래식 산책》은 여러분을 비엔나, 잘츠부르크, 밀라노, 그리고 나폴리 등으로 데려다줄 것이다. '아는 것만큼 보인다'고 하지 않는가? 여행길에서 책만큼 유능한 여행 가이드를 만날 수는 없는 일이다. 그래서 나는 정말 휴식을 취하고 싶을 때 이런 방식으로 여행을 떠난다. 이미 가본 곳은 추억으로 남지만, 가보지 않은 곳은 언젠가 가볼 수 있다는 기대와 희망 속에서 저자와 더불어 이곳저곳을 거닐게 만들어준다. 가장 값싸고 편리한 나 나름의 휴식법이다.

◹ **독서는 언제, 어디서나 물리적인 시간과 공간을 벗어나게 해준다.**

다치바나 다카시의 14가지 독서법

1. 책을 사는 데 돈을 아끼지 말라.

2. 같은 주제의 책을 여러 권 찾아 읽어라.

3. 책 선택에 대한 실패를 두려워하지 말라.

4. 자신의 수준에 맞지 않는 책은 무리해서 읽지 말라.

5. 읽다가 그만둔 책이라도 일단 끝까지 넘겨보라.

6. 속독법을 몸에 익혀라.

7. 책을 읽는 도중에 메모하지 말라.

8. 남의 의견이나 가이드북에 현혹되지 말라.

9. 주석을 빠뜨리지 말고 읽어라.

10. 책을 읽을 때는 끊임없이 의심하라.

11. 새로운 정보는 꼼꼼히 체크하라.

12. 의문이 생기면 원본 자료로 확인하라.

13. 난해한 번역서는 오역을 의심하라.

14. 대학에서 얻은 지식은 대단한 것이 아니다.

　　　　　—출처 : 다치바나 다카시, 《나는 이런 책을 읽어왔다》

PART 2

실용독서 준비하기

지식 노동이라는 새로운 일은 육체 노동자가 습득하지 않은 능력, 더구나 습득하기 어려운 능력을 필요로 한다. 이론적, 분석적인 지식을 습득하고 적용할 능력, 일에 대한 새로운 접근법과 사고 방법을 필요로 한다. 그리고 무엇보다 계속적으로 학습 능력이 요구된다. 지식 사회에서는 모든 사람들이 4, 5년마다 새로운 지식을 조달하지 않으면 안 된다. 그렇게 하지 않으면 시대에 뒤처지고 만다.

—피터 드러커

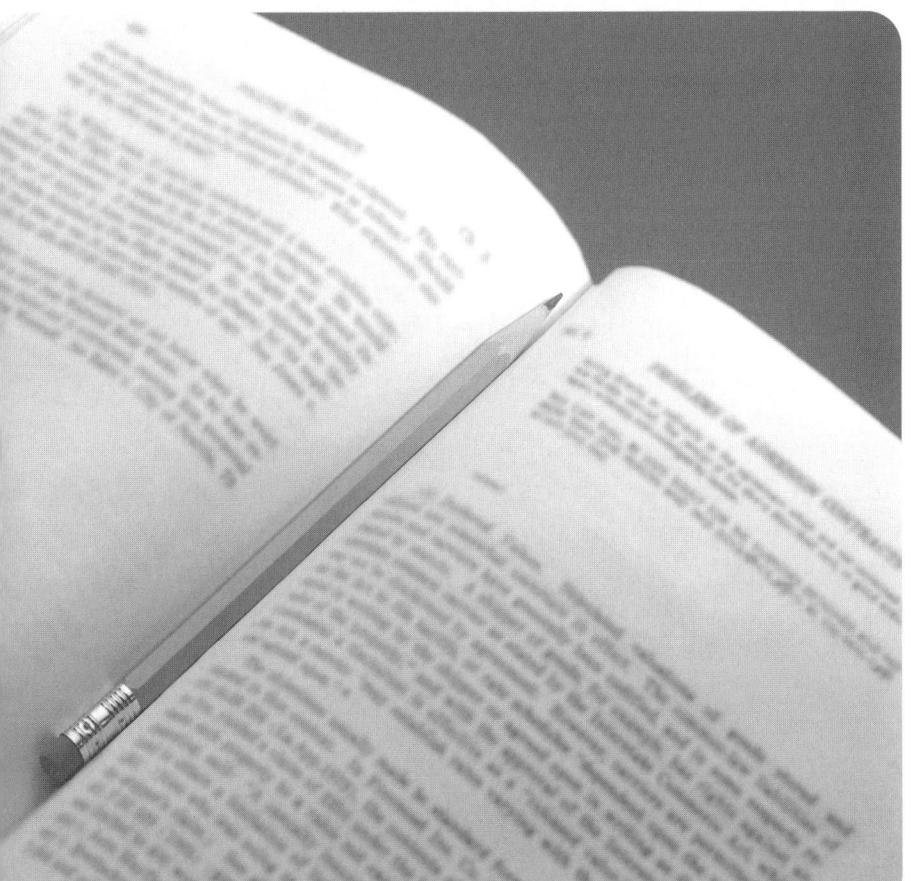

OI | '왜'에 답하라

독서는 적극적이고 능동적인 행위이다. 이런 점에서 텔레비전을 보거나 음악을 듣는 것과 책을 읽는 것 사이에는 큰 차이가 있다. 모든 적극적인 행위가 그렇듯, 책읽기를 시작하기 전에 "왜 책읽기가 나 자신에게 필요한가?"라는 질문에 대한 답을 정리해 둘 필요가 있다.

그냥 시간이 남기 때문에, 혹은 심심풀이로 책을 읽을 수도 있다. 하지만 그런 수준에서는 지속적으로 책읽기를 할 수 없다. 책을 읽는 일은 만만하지 않은 뿐더러, 칼로리를 많이 소모하는 일이기 때문에 뚜렷한 목적 의식을 갖지 않고서는 지속하기 어렵다. 게다가 목적 의식이 불명확하다 보면 집중력이 떨어지기 때문에 자연스럽게 책읽기가 주는 즐거움이나 행복을 제대로 챙길 수 없다. 목적이 흐릿하다 보면 결국 작심삼일(作心三日)에 그치고 만다.

그래서 나는 독서 방법에 대해 조언을 구하는 사람들에게 어김없이 목적 있는 책읽기를 권한다. 폭넓은 독서와 중량감 있는 책을 집필하는 것으로 유명한 다치바나 다카시는 《나는 이런 책을 읽어왔다》란 저서에서 책읽기에 대한 자신의 목적은 자신뿐만 아니라 자신의 주변을 둘러싸고 있는 환경에 대한 지적 욕구의 충족에 있다고 말한다. 그에 따르면 '알고 싶다'라는 순수한 지적 욕구가 실용성보다 다소 앞선다는 것이다.

"인간이 지금까지 만들어낸 모든 문명은 언뜻 보면 실용적인 지적 욕구, 즉 경제적인 합리성을 가진 지적 욕구의 소산인 것처럼 보이지만, 사실 이는 표면적인 측면일 뿐 우리 인류를 보다 깊이 있게 움직여온 것은 보다 원초적인 순수한 지적 욕구, 즉 좀더 많이 알고 싶다는 근원적인 욕구였다고 생각합니다. 순수한 지적 욕구를 통해 알게 된 것을 어떻게 활용하면 어떤 이익이 발생할까 같은 실리성은 그 뒤에 따라오는 것으로, 언제나 선행되었던 것은 순수한 지적 욕구였습니다."

한편 스티븐 킹은 자신이 책읽기를 하는 목적은 공부와 같은 실용적인 목적 때문은 아니라고 말한다. 그에게 독서는 그 자체가 즐거움이다. 물론 그는 다른 사람들의 소설을 많이 읽으면서 끊임없이 자신의 작품을 가다듬고, 갱신하는 실용적인 이득을 거두기도 했을 것이다. 하지만 그는 "소설을 읽는 것은 소설을 연구하기 위해서가 아니라 그저 이야기를 좋아하기 때문이다"라고 말한다.

이 즈음에서 "여러분에게 독서의 목적을 무엇인가?"라고 묻는 것은 부담이 가는 질문이 아닐 것이다. 이미 10가지 독서의 유용성에 대해 읽은 바 있고, 다치바나 다카시나 스티븐 킹의 이야기도 들었기 때문이다. 그럼 이제 미룰 필요 없이 이 책의 여백에 질문을 적어보라. 그리고 첫째, 둘째, 셋째, 순서대로 정리해 보라. 독서에 대해서 갖고 있는 막연한 생각들이 하나, 둘, 셋, 순서대로 차곡차곡 정리될 것이다.

이미 1장에서 독서의 유용성에 대한 나의 생각을 이야기하였지만, 여러분이 나에게 "당신의 독서의 목적은 무엇입니까?"라는 질문을 던진다면, 다음과 같이 말하고 싶다.

첫째, 지적 호기심 때문이다. 나는 주변에서 어떤 일들이 일어나고 있는지, 어떤 일들이 일어날지에 대해 좀더 많이, 자세히, 미리 알고 싶다. 처음에 내 지적 호기심은 내 전문 분야에 국한되었지만, 세월이 가면서 지적 호기심의 범위는 제한 없이 확장되어 왔다. 두뇌, 예술, 철학, 역사, 유태인, 독서 분야 등으로 지적 호기심이 제한 없이 확장되어 왔고, 앞으로도 그럴 것이다.

둘째, 이익이 되기 때문이다. 시간은 너무 귀한 자원이기 때문에 그저 소일거리로 글을 읽을 수는 없다. 책읽기에서 얻은 정보와 아이디어를 나는 직접 글쓰기와 강연에 이용하고 있다. 책에서 얻은 정보와 아이디어들이 융합되면서 새로운 발상과 창조가 이루어지는 것을 나는 늘 경험하게 된다. 그래서 나는 '책 속에 만금의 금이 있다'는 '서중만중금(書中萬重金)'이란 옛말을 신봉하는 사람 가운데 하나이다.

셋째, 즐거움 때문이다. 이따금 시간 낭비에 가까운 책도 읽는다. 그것은 즐겁기 때문이다. 실용독서와는 다소 거리가 먼 예술사, 여행기, 사진첩 등을 보기도 하는데, 이런 종류의 책들을 '리렉스(휴식)'를 위해 읽는 책들이다. 이때 일상의 속도를 의도적으로 늦추면서 한가함에서 오는 즐거움과 유쾌함을 맛볼 수 있다. 몸이 떠나는 여행이 아니라 일상의 일탈을 경험할 수 있는 독서 역시 즐거운 것이다.

넷째, 발전하고 싶기 때문이다. 다른 사람들도 마찬가지겠지만 나는 나라는 사람에 대해 무척 관심이 많다. 내가 가진 자원을 발굴하고, 그것은 최고의 경지까지 끌어올리는 데 관심이 많다. 물론 그것은 실용적인 이익과 관련되는 경우도 있지만, 꼭 실용성과 연관을 맺지만은 않는다. 그냥 공병호란 한 인간이 이 세상에 나서 머무는 동안 내가 가진 자원을 여한 없이 분출시키고 싶다. 그런데 내가 깨달은 사실은 읽는 것을 통해 그것이 가능하다는 것이다.

시간을 갖고 좀더 생각해 볼 수도 있지만, 나는 지금까지 별 깊은 생각 없이 나의 의식 저변에서 떠오르는 생각들을 정리하곤한다. 새벽녘 아주 빠른 속도로 노트북에 기록해 나간다. 행여나 사라지거나 왜곡될까 두려워 머리 속에 떠오르는 대로 빠르게 정리하는 습관이 있다.

자, 이제 여러분 차례다. 여러분들의 독서 목적을 여기에 기록해 보면 어떨까? 길게 기록할 필요 없이 굵직굵직한 제목만 기록해도 상관이 없다.

◨ **"왜 책읽기가 필요한가"라는 질문에 답해본다.**

O2 | 독서 습관을 체크하라

우리는 아이 시절부터 책을 읽어왔다. 그래서 누구든지 자신만의 고유한 책읽기 습관을 갖고 있다. 그런 습관들은 다른 대부분의 습관들과 마찬가지로 자신도 모르게 몸에 깊이 배여 있다. 자신을 세심하게 관찰하는 데 익숙하거나, 자신의 이모저모를 계발하는 데 익숙하거나, 글을 통해 직접적인 이익을 얻을 수 있는 직업을 가진 사람들은 어느 정도 자신의 독서 습관을 파악하고 있을 것이다. 물론 그들은 자신의 독서 습관을 개선하기 위해 노력한 적도 있을 것이고, 그런 과정에서 크게 효과를 본 경험들도 있을 것이다. 그런데 이들은 다수가 아니라 소수의 사람들에 불과하다.

대다수의 사람들은 독서를 하는 방법을 배우거나 익혀야 하는 것으로 생각하지 않는다. 그래서 그들은 독서와 관련된 자신의 습관을 자세히 관찰하거나, 그것을 고치기 위해 노력해 본 경험들이 거의 없다. 그저 시간이 남으면 그냥 있기가 허전하기 때문에 손에 닿는 대로 읽는 것에 익숙하다.

지하철을 타고 이동할 때마다 나는 주변 사람들이 어떻게 행동하는지 유심히 지켜볼 때가 있다. 특히 이른 아침 직장인들이 출근 시간을 어떻게 보내는지 관심 있게 지켜볼 때가 많다. 많은 사람들이 무가지 신문을 읽는 데 시간을 투자한다. 물론 사람의 취향에 따라 다르겠지만, 시간 단위당 성과라는 면에서 보면 별로 좋은 습관은 아니다. 게다가 그들은 출퇴근이라는 자신의 시간을 의도적이고 계획적으로 사용하고 있지 않다. 독서 계획을 세워서 출퇴근 시간을 이용하는 사람과 그렇지 않은 사람 사이에는 얼마나 큰 차이가 나겠는가? 출퇴근에 2시간 정도 소요된다면, 매일 2시간을 어떻게 보내느냐에 성공과 실패가 달려 있다.

누구든지 자신의 독서 습관을 살펴보고, 개선 방법을 찾는다면 큰 도움을 받을 수 있다. 누구든지 출퇴근 시간에 적합한 독서 계획을 세울 수 있다. 《뛰어난 직원은 분명 따로 있다》라는 저서의 저자이자 컨설턴트로 활동중인 김경준은 자신의 독서량 가운데 80퍼센트 이상을 전철에서 소화한다고 말한다. 그는 직장인들에게 출퇴근 시간을 활용하는 방법에 대해 몇 가지 제언을 하는데, 대부분은 독서 계획과 관련된 것들이기에 눈여겨볼 필요가 있다.

첫째, 가능하면 조금 일찍 출근해서 러시아워를 피하라.

둘째, 출근할 때 조간신문, 퇴근할 때 책을 읽는 식으로 규칙화하라.

셋째, 전철에서 읽을 책으로 너무 무겁지 않은 것을 선정하라.

넷째, 일과 중 전철을 이용할 일이 있으면 읽을거리를 미리 준비하라.

다섯째, 최소 2주에 한 권 정도를 읽는다는 목표를 세워라.

여섯째, 스포츠 신문 유의 읽을거리는 가급적 멀리하라. 도움이 되지 않는다.

효과적인 독서법을 자신의 것으로 만들기 원한다면, 우선 여러분의 독서 습관을 찬찬히 살펴보라. "나는 과연 어떻게 책읽기를 하고 있는가?" 이런 질문에 대한 답을 찾는 과정에서 여러분은 독서 습관의 정확한 실체를 확인할 수 있을 것이다. 자신만의 고유한 습관을 알게 되면, 좋은 습관은 어떤 것인지, 나쁜 습관은 어떤 것인지 확인할 수 있을 것이다. 책읽기의 고수(高手)로 거듭나기 원한다면, 독서 습관의 개선 방법을 찾고 그것을 실천에 옮겨야 한다. 다음의 '독서 습관 체크리스트'의 질문들에 대해 답변을 간단하게 메모해 보자.

📝 독서 습관 체크리스트

1. 하루에 얼마만큼의 시간을 책읽기에 보내는가?

2. 주로 어디서 책을 읽는가?

3. 연속적인 시간을 갖고 읽는 편인가, 아니면 틈틈이 읽는 편인가?

4. 평균적으로 한 달에 몇 권의 책을 읽는가?

5. 주로 어떤 종류의 책들을 읽는가?

6. 별다른 계획 없이 읽고 있는가, 아니면 일정한 계획에 따라 읽고 있는가?

7. 독서 정보를 주로 어디서 얻는가?

8. 독서에서 얻은 정보나 지식을 실제로 적극적으로 활용하는 편인가?

9. 효과적인 독서를 하고 있다고 생각하는가?

10. 독서법을 개선하기 위해 노력한 적이 있는가?

11. 여러분의 독서 습관 가운데 개선하고 싶은 것은 있는가?

☑ 최소 2주에 한 권을 읽는다는 목표를 세우라.

O3 | 의욕과 의지를 점검하라

삶에 대한 의욕과 의지가 강한 사람일수록 지적 욕구가 강하다. 지적 욕구가 강한 사람일수록 책을 가까이 한다. 특히 실용독서의 경우 삶에 대한 의욕과 의지에 정비례한다. 그들은 경험을 통해, 책읽기를 통해 지적 욕구의 상당 부분을 충족시킬 수 있다는 사실과 함께 독서의 유용성에 대해 잘 알고 있기 때문이다.

본래 인간은 자기 이익에 충실한 존재다. 이것을 알면 이렇게 사용해서 이익을 구할 수 있고, 저것을 알면 저렇게 이용해서 이익을 구할 수 있다는 사실을 깨우치면 누가 권하지 않더라도 책을 가까이 하게 된다. 그런데 항상 의욕과 의지가 충만할 수는 없다. 어떤 때는 의욕이 충만하지만 그렇지 않을 때도 있다.

의욕과 의지가 넘쳐흐를 때는 식욕이나 성욕과 마찬가지로 지적 욕구도 훨씬 강해진다. 반면에 의욕과 의지가 바닥에 머물 때면, 지적 욕구도 다른 욕구들과 마찬가지로 낮아진다. 나의 경우도 예외가 아니다. 물론 나이를 먹을수록 간극이 좁혀지고 있기는 하지만 말이다. 생에 대한 기대, 희망, 건강한 욕심 들이 팽팽하게 당겨진 활시위처럼 유지될 때는 읽어내는 책의 분량도 늘어난다. 하지만 이런 저런 이유로 우울한 상태에 빠지면 책을 읽고 싶다는 의욕도 시들해지게 마련이다.

그래서 본격적인 독서를 생활화하고 싶은 사람이라면, 책읽기에서 의욕과 의지가 얼마나 중요한지 제대로 알고 있어야 한다. 우선 자신의 의욕과 의지를 체크해 보는 것이 좋겠다. 여러분은 건강한 욕심을 갖고 있는가? 자신의 삶을 통해 꼭 성취하고야 말겠다는 꿈이나 목표를 갖고 있는가? 지금은 자신이 보잘것없고 평범하지만, 평범함을 뛰어넘어 비범해지고 싶다는 의욕이나 의지를 지니고 있는가?

건강한 욕심은 삶과 성공에 대한 의지와 의욕을 낳고, 그것은 강한 지적 욕구로 연결된다. 의지와 의욕은 구체적인 목표를 낳기 때문에, 사람들은 목표를 달성하기 위해서 자기 자신과 자신을 둘러싼 환경을 이해하고 싶어한다. 동시에 목표 달성을 위한 구체적인 수단과 방법을 찾기 때문에 자연스럽게 강한 지적 욕구를 갖게 된다. 이때 독서는 지적 욕구를 발산하는 대상이 된다.

의지와 의욕이 강한 사람들은 자신이 추구하는 목표나 세계가 그냥 이루어질 수 없음을 잘 안다. 원리를 깨우치고, 방법과 사례를 찾고, 숙련에 이르는 길을 찾아내기 위해 언제 어디서나 활용할 수 있는 멘토를 구하게 된다. 이런 저런 시행착오를 거치면서 그들이 얻는 결론은 효과적으로 책을 이용하면 원하는 것을 이루게 된다는 사실이다.

여러분이 진정으로 효과적인 책읽기에 관심이 있다면 우선 자신의 삶과 성공에 대한 의욕과 의지를 점검해 보라. 마치 저수지에 담긴 물처럼 차고 넘치는지, 아니면 바닥이 훤히 드러나 있는지 우선 점검해 보기를 권한다. 만일 여러분들의 의지와 의욕이 바닥 수준이라면 충전 과정이 필요할 것이다. 어떻게 의욕과 의지를 충전할 수 있을까?

나는 지난 2월 입사 4년차로 소프트웨어 업계에서 근무하는 한 직장인을 만났다. 30대와 40대 직장인을 대상으로 하는 초청 강연을 끝마치고 친 뒤 차를 타기 위해 이동하면서 그 사람과 내가 짧은 시간 동안에 나눈 대화의 한 토막을 소개하고 싶다.

"공 박사님, 정말 감사합니다. 김 사장님이 전직원들에게 《공병호의 독서노트》를 선물했습니다. 저는 다섯 권 전부 읽었는데, 처음 접한 책이 '경영법칙 편'이었습니다. 읽는 중에 '이렇게 그럭저럭 살아서는 안 되겠구나'라는 생각을 했습니다. 그리고 무엇을 해야 할지 뚜렷한 목표 의식은 없지만 일단 움직이기로 결심하였습니다. 그래서 ○○대학의 정보통신대학원 야간 강좌에 등록해 학교에 다니기 시작하였습니다. 저는 '책이 한 사람에게 이렇게 큰 힘과 용기를 줄 수 있구나'라는 것을 깨우치게 되었습니다. 이후로 저는 더욱 열심히 생활하고 있습니다."

나는 이런 이야기를 들을 때가 종종 있다. 그때마다 나는 글을 쓰고 강연을 하는 직업에 무척 보람을 느낀다. 나는 그 직장인에게 이런 이야기를 들려주었다.

"현업에도 열심이셔야 하지만, 대학원도 적당히 다니지 마세요. 배우면서 기회를 잡기 위해 최선을 다해보시기 바랍니다. 살아보니까 무엇이든지 열심히 하는 사람에게만 기회가 보이더라고요. 처음에는 아주 사소한 기회밖에 잡을 수 없을 것입니다. 하지만 기회를 확실히 잡고 또 다른 기회를 만드는 과정들이 반복되면서 자신의 인생이 서서히 자리를 잡아가게 됩니다. 아무튼 반갑습니다. 열심히 기회를 만들어보세요."

그 직장인은 독서와의 만남을 통해 깨우침을 얻게 되었다. 본래 강한 의욕과 의지를 타고나는 사람들이 있다. 여러분이 항상 활달하고 긍정적이며, 도전적이라면 그것은 대단한 자산임에 틀림이 없다. 하지만 대다수의 사람들은 거의 중간 지대에 머물러 있다. 큰 노력 없이 활달함을 유지할 수 있는 상태가 아니라, 적절한 노력을 기울일 때만이 활달함을 유지할 수 있는 상태에 놓여 있는 것이다.

나는 책읽기가 부분적으로 여러분의 의욕과 의지를 북돋워주는 데 이바지한다고 생각한다. 의욕과 의지는 늘 주의 깊게 체크해야 하고, 완전히 소진되기 전에 꾸준히 재충전해야 한다. 삶의 밑바닥에서 정상을 향해 걸어온 사람들의 인생은 그 자체로 보통 사람들에게 자극을 주고, 시계와 안목을 넓혀주는 데 큰 역할을 한다.

나의 경우 반드시 의욕과 의지를 북돋우기 위한 단일 목적은 아니지만, 성공한 사람들의 일대기를 통해서 많은 힘을 얻는다. 분주하게 살아가는 비즈니스맨들도 처음에는 협소한 분야에서 책읽기를 시작할 것이다. 하지만 일단 의욕과 의지가 충만해지면 자신의 지적 욕구가 무한대로 확장되어 나가는 것을 확인하게 된다.

나 역시 처음에는 아주 협소한 분야의 전문서를 읽기 시작하였다. 하지만 삶과 성공에 대한 나름대로의 관점이 정리되고, 또렷한 목표를 갖고 나만의 길을 추구하게 되면서 독서의 지평을 과감하게 확장해 왔다. 어느 순간부터 분야의 장벽이 완벽하게 허물어져 버린 것이다.

공학박사로서 휴맥스를 창업해 큰 성공을 거둔 변대규 사장은 어느 인터뷰에서 자신의 독서법에 대해 이런 이야기를 들려준다.

"처음에는 경영학 서적을 집중적으로 파고들었지. 그런데 회사가 어느 수준까지 성장하니까 경영학만 갖고는 안 되는 거야. 결국 인간이란 문제에 직면한 거지. 그래서 인문학 서적을 읽기 시작했어. 사람을 어떻게 볼 것인가, 어떻게 동기 부여를 시킬 것인가의 문제로 귀착한 셈이지."

　사업과 직간접으로 연결된 사람이라면, 인간을 얼마나 잘 이해할 수 있는가, 그들과 어떻게 협력하고 조화를 이룰 것인가, 그들이 일에 열심히 몰입할 수 있도록 어떻게 도울 것인가라는 주제와 관련된 것이라면 그것이 철학이건, 역사건 분야에 상관없이 배움을 구할 수 있을 것이다.

◪ **인생의 목표를 정하고 독서의 지평을 넓힌다.**

O4 | 야심과 야망을 점검하라

효과적인 독서를 위한 준비 단계에서 야심과 야망을 이야기하는 것은 너무 주제가 확장된 것 아니냐고 의문을 제기하는 독자들도 있을 수 있다. 물론 처음에는 책읽기가 그다지 유쾌하지도 즐겁지도 않다. 하지만 독서하는 능력은 시간이 지날수록 더욱 가속화된다. 그런 유쾌하지 않은 일을 적극적으로 즐기는 단계까지 끌어올리는 추진력은 무엇일까? 그것은 강렬한 지배 욕구, 혹은 정복욕과 깊은 관련이 있다. 나는 독서를 할 때마다 그것이 일종의 정복욕과 관련이 있으리라는 추측을 해본다. 전쟁을 통해 땅을 빼앗는 것처럼 지식이란 광활한 대지를 정복해 나가고, 이를 통해 자신의 분야에서 확고한 성채를 구축해 나가는 이미지를 그려보게 된다.

개미 연구로 사회생물학이란 새로운 학문 영역을 개척한 에드

워드 윌슨 교수의 삶에 대해 쓴 미하이 칙센트미하이 교수의 책
《창의성의 즐거움》에 소개된 부분은 우리에게 시사하는 바가 크
다. 조금 긴 감이 있기는 하지만 나는 소개된 내용 전문을 그대
로 인용하려고 한다. 왜냐하면 정상을 향한 지배욕, 혹은 정복욕
이야말로 지속적인 독서와 포괄적인 독서를 이끌어가는 원초적
인 힘이라는 나의 믿음과 맞아떨어지기 때문이다.

　수학과 이론물리학처럼 순수한 명석함이 요구되는 그런 분야가
있죠. 그런 분야의 과학자들이 서른다섯 살 이전에 정상에 도달
한다는 사실 또한 흥미롭습니다. 하버드에는 20년 전에 한창 이
름을 날린 수학자들과 물리학자들, 화학자들로 넘쳐흐릅니다.
모두 훌륭한 사람들이지만 더 이상 홈런을 날리지 못한다는 것
도 잘 알고 있죠.
　다른 학문에서는 인내와 야심이 모두 중요합니다. 내 생각에
필요한 것은 주제에 대한 사랑입니다. 어디에서 어떻게 살든 몰
두할 수 있는 활동과 정신 작용이 있습니다. 자연의 역사가 그런
것입니다. 나는 아이다호 보이즈의 우체국장이 되었더라도 아주
행복했을 겁니다. 이른 아침이건, 저녁이건, 주말이건 산에서 돌
아다녔을 테죠. 지금과 똑같은 생활을 하고 있을 겁니다. 왜냐하
면 그런 생활을 사랑했고 사랑하니까요.
　한편에는 불안, 야심, 그리고 지배욕이 있습니다. 학자는—나

로서는 고백하기 힘든 부분이지만—독창적인 발견이나 종합에 의한 지식을 창조하고 그에 대한 소유권을 갖는 것입니다. 나로서는 세상 누구보다도 광범위한 주제를 다루고 싶은 욕망에 시달립니다. 그것은 아마도 주제에 대한 사랑과는 다른 그 이상의 소유욕인지도 모릅니다. 나는 자연사를 연구하고 싶습니다. 그 현장에 있기를 원하죠. 365일 중에 360일을 기꺼이 사람들과 떨어져서 열대우림을 여행하고 서재에 틀어박혀서 보낼 수 있습니다.

하지만 동시에 내가 원하는 대로 하고 싶어합니다. 그것은 지배를 뜻하고 지배는 야심을 의미하죠. 끊임없이 나 자신의 영역을 넓히고, 갱신하고, 확장하고, 쇄신하고자 합니다. 그러한 욕구들이 일류 학자를 만드는 거죠.

최고의 학자가 된다는 것은, 덧붙여 말하자면 엄청난 연구와 고통이 따릅니다. 또한 강력한 경쟁자들을 극복해야 합니다. 한동안 무시를 당해야 합니다. 사람들 눈에 낭만적이고 어리석게 보일 수도 있지만, 자신의 원칙을 지키면서 모든 시련에 맞서 거기 도달하려고 하는 외로운 사냥꾼, 외로운 여행자나 탐험가로서의 자아상이 일류 학자를 만드는 매우 강력한 힘입니다.

이는 학자로서는 좀처럼 털어놓기 힘들 내면 세계를 공개한 셈이다. 나는 에드워드 윌슨 교수의 고백을 읽으면서 정상을 정복하고 그것을 소유하고 싶은 욕구처럼 강력한 힘이 있겠는가라는 생각을 하게 된다. 아마도 이것은 윌슨 교수가 속한 학자의 세계뿐만 아니라, 어떤 분야에서든 정상에 도달하기 위해 전진하는 사람들이 경험하는 내면 세계를 고스란히 드러내고 있다.

'불안, 야심, 그리고 지배욕'

군이 각각의 단어들을 분리시킬 필요는 없을 것이다. 이렇게 복합적으로 뭉쳐진 본능과 감정의 덩어리가 건설적인 방향으로 향할 때 사람들은 야심을 효과적으로 달성하기 위한 최적의 수단과 방법을 구하는 데 골몰하게 될 것이다. 책읽기는 이런 목록 중에 제일 위에 자리 잡게 될 것이다.

정상에 서기를 원할 때 반드시 구비해야 하는 또 한 가지의 조건은 자기 자신을 최고의 수준으로 끌어올리는 일이다. 이를 두고 윌슨 교수는 "나 자신의 영역을 넓히고, 갱신하고, 확장하고, 쇄신하고자 합니다"라는 표현을 사용한다. 이 문장은 오랫동안 내가 나 자신을 만들어온 이유이기도 하고, 지금 치열하게 살아가는 이유이기도 하다. 그리고 그런 경험들을 정리해서 자기 경영에 관한 일련의 서적들을 지속적으로 펴내고 있는 이유에 대한 부분적인 답을 제공해 주기에도 충분하다. 스스로를 완벽한 수준에까지 끌어올리려는 욕망, 이를 통해 자신의 분야에서 정상에 우뚝 서고 싶은 욕망, 그리고 그것을 소유하고 싶은 욕망이야말로 책읽기에 강력한 동기를 부여하는 힘들이다.

"나는 적당히 살다 가겠다." "이것저것 해봤는데 나는 역시 안

돼”“성공 스토리는 타인의 이야기일 뿐이야.”“지방대학 출신인데 누가 알아주겠어.” 아마도 일이 제대로 풀리지 않을 때 여러분들이 습관적으로 머리 속에 떠올리거나 내뱉는 문장들이 있을 것이다. 그럼 반대로 다음과 같은 문장들을 적어보라.

“나는 최고가 되겠다.”“나는 정상에 우뚝 서겠다.”“나는 잘 살고 싶다.”“나는 그것을 손에 넣고야 말겠다.” 이런 말은 드러내놓고 하기 쑥스럽겠지만, 이 같은 원초적 야망과 지배욕을 갖고 있는지 마음속으로 확인해 보라. 이런 야망과 지배욕이 독서에 강력한 인센티브를 제공할 수 있는 것처럼, 독서 자체가 이 같은 야망과 지배욕을 자극하는 데 도움이 줄 수 있다. 우선은 상호 선순환의 고리를 만들어보라.

“Be the First!”“Be the Top!”“어떻게 하면 될까?”“어떤 방법이 있을까?”

◥ **정상을 향한 정복욕이야말로 독서를 이끌어가는 원초적인 힘이다.**

05 | 항상 보물찾기를 하라

기분이 울적하거나 마음이 조급해질 때, 조금의 틈이라도 생기면 나는 손에 닿는 대로 활자로 쓰여진 것이라면 무엇이든지 집중해서 읽는 습관이 있다. 신문, 잡지, 책, 사보 등 가리지 않고 짧은 시간 동안이라도 읽기에 집중한다. 물론 영혼을 어지럽히는 읽을거리는 가까이 하지 않는다는 원칙을 지금까지 지키고 있다. 토막 기사라도 읽다 보면 감동적이거나 공감할 수 있는 내용을 발견하는 행운을 맛볼 수 있다. 때로는 전혀 예상하지 못했던 귀한 정보를 입수하는 경우도 있다.

여러분은 1분이나 5분처럼 짧은 시간이 주어지면 주로 어떤 일을 하는가? 바라보는가, 생각하는가, 읽는가, 아니면 그냥 멍하게 앉아 있는가? 나는 무엇이든 읽으면서, 보물찾기라도 하듯 이곳저곳을 찾아헤맨다. 그러면서 머리 한구석으로는 눈을 통해 입력되는 다양한 정보와 연결된 생각을 하는 경우가 많다.

비행기를 탔을 경우, 나는 어김없이 한두 권의 책을 가방 속에서 꺼내 읽어나간다. 이따금 책을 꺼내기 전에 비행기가 이륙하게 될 경우에도 그냥 가만히 앉아 있지 않는다. 의자 앞에 비치된 항공사 발간 잡지를 꺼내 읽는다. 항공사 발간 잡지는 외국의 문물을 소개하고 있기 때문에 귀한 정보를 얻을 수도 있고 생각할 거리를 던져주기도 한다. 그래서 나는 언제, 어디서나 정보를 제공할 가능성이 있는 문건이라면 형식에 구애받지 않고 읽는 습관을 갖고 있다. 이런 짧은 시간 동안 글을 읽을 때면 마치 보물찾기를 하는 듯한 기분이 들 때가 많다.

햇볕이 깊숙이 들어오는 오후에는 이따금 글을 쓰다가 벌렁 드러누워 짧은 시간 동안 잡지를 읽는다. 내 연구실에는 다양한 종류의 신간 잡지나 사보들이 있는데, 잡지들은 저마다 편집자와 기자들의 노력의 산물이다. 내 경험은 그런 것들을 통해 금쪽같은 정보를 모을 수 있다는 사실은 가르쳐주고 있다.

'쓸 만한 것 어디 없을까?' '배울 만한 것 어디 없을까?' 이런 질문이 나의 내면 세계 속에서 끊임없이 쏟아져 나온다. 그런 습관을 갖게 된 데는 지적 호기심이 큰 역할을 하였던 것 같다. 그리고 시간이 흐르면서 그것은 마치 제2의 천성처럼 몸에 밴 습관이 되어버렸다. 이제는 지적 호기심과 습관이 서로 영향을 주고받는 선순환의 고리를 형성하게 되었다. 그래서 나는 이제 언제, 어디서나 무엇이든 보물찾기를 하는 동심으로 돌아가서 책을 읽는다.

나에게 있어 책읽기란 전통적인 의미의 근사한 책만을 읽는 것을 뜻하지 않는다. 부피가 주는 중압감 때문에 책읽기를 즐겨 하지 않는 사람이라면, 처음에는 유익한 정보를 지닐 법한 잡지나 신문도 좋다. 그냥 아무데서나 틈만 나면 읽고 생각하는 습관을 지닐 수 있도록 노력해 보라.

〈아메리칸 스칼러〉의 편집장인 앤 피디먼은 《서재 결혼시키기》란 책에서 보물찾기라도 하듯 무엇이든 읽어내는 자신의 탐심(貪心)을 이렇게 묘사한 적이 있다.

최근에 날아온 노드스트롬의 카탈로그 표지에는―나한데 왜 이런 것을 읽느냐고는 묻지 말라―숫염소의 사진이 실려 있다. 이 숫염소는 픽업 트럭 뒤칸의 삼베 부대 위에 서서 녹색 플라스틱 화분에서 꺾은 붉은 카네이션을 먹고 있다. 염소는 식사에 만족하는 표정이지만, 눈에서 잡식성 탐심이 번득이는 것으로 보아 카네이션이 없다면 삼베 부대, 플라스틱 화분, 아니면 픽업 트럭이라도 먹어치울 것 같았다.

나는 그런 번득이는 눈길을 잘 안다. 내가 독서에 대해 느끼는 것이 바로 그런 마음이기 때문이다. 나는 책을 읽는 것을 좋아하지만, 궁지에 몰리면 워터 파크(저명한 치아 세척 장치 판매회사)

의 안내문이라도 읽을 것이다. 소도시의 모텔 방에서 홀로 지낸 수많은 밤에는 전화번호부에서 위로를 받기도 했다. 오래 전 일이지만, 당시 내 아파트에서 적어도 두 번 이상 읽지 않은 유일한 문서 자료를 찾아내어 숙독하면서 절망적인 불면증과 맞선 적도 있다. 그 자료는 내 룸메이트의 1974년형 도요타 코롤라 안내서였다. 상황이 상황이니만큼(중독, 금단 증상, 갈망, 공황), 수동 기업 조작 설명이 내게는 단테가 〈천국편〉 31곡에서 보여준 영원한 장미의 비전만큼 아름답게 느껴졌다.

앤 피디먼은 읽는 것에 관한 한 어느 정도 경지에 도달한 사람인 것 같다. 그와 내가 읽기를 즐기는 목적은 조금 다를 수 있겠지만 '보물찾기를 한다' 와 같은 마음가짐만은 공통 분모인 셈이다. 무엇이든 손에 닿거나 눈에 띄는 것이라면 탐심(貪心)을 갖고 읽으면서 정보를 모으는 기쁨 때문에 우리 두 사람 모두 독서를 즐기는 것임에 틀림이 없다.

책읽기 하면 우선 묵직한 책을 떠올리는 것과 같은 고정관념을 날려버려라. 언제, 어디서나 무엇이든지 읽고, 정보를 구하라. 그리고 그런 정보들이 두뇌 속에 속속 입력되고 있다고 생각해 보라.

만일 여러분이 지금 이 순간 보물찾기와 같은 책읽기 습관을 갖고 있지 않다면 어떻게 그런 습관을 키울 수 있을까? 방법이 없는 것은 아니다. 우선 단숨에 읽어내려 갈 수 있는 분량이 적고 부담이 없는 읽을거리부터 시작해 보라. 취미가 있다면 전문 잡지부터 시작해 보는 것이 좋을 것이다. 좋아하는 일이라면 누구든지 큰 거부감 없이, 부담 없이 쉽게 시작할 수 있기 때문이다. 특별히 좋아하는 잡지가 없다면 〈내셔널 지오그래픽〉과 같이 멋진 화보와 다양한 읽을거리가 듬뿍 담긴 잡지를 틈틈이 읽으면서 보물찾기를 시작해도 좋을 것이다.

◥ 언제, 어디서나 무엇이든지 읽고 정보를 구하라.

06 | 잠시 동안이라도 선입견을 비우라

사람들은 살면서 이런 저런 고정관념이나 편견, 혹은 선입견을 갖게 된다. 그리고 그것들은 세월의 무게와 함께 점점 완고해지기 쉽다. 완고함은 말씨나 태도로 나타날 뿐만 아니라 다른 사람들의 의견이나 정보를 받아들일 때도 쉽게 드러난다.

나이가 젊은 사람들 가운데도 완고한 사람들이 많은 것으로 보아 완고함이란 특성이 반드시 나이와 비례하지는 않는 것 같다. 선입견이나 편견이 강한 사람들은 좀처럼 타인의 이야기에 귀를 기울이지 않는데, 이런 습관은 책을 대할 때도 드러날 때가 많다.

선입견이나 편견이 강한 사람은 책읽기를 즐기게 될 가능성이 낮다. 예를 들어 갑이란 사람이 20대 말에 직장에 입사해서 40대 초반이 되었다고 하자. 이때 근속 연수는 10년에서 15년 정도가 된다. 이 즈음이 되면 많은 사람들이 자신의 업무와 관련해서 완고한 시각을 가질 수 있다. 마치 자극과 반응처럼 '이런 경우는 이렇게, 저런 경우는 저렇게'라는 도식이 굳게 자리 잡게 되는 경우가 많다. 이들은 업무를 바라보는 자신의 시각이나 접근하는 태도에 문제가 있을 수 있음을 인정하려 들지 않는다. 게다가 자신의 시각이나 태도가 개선의 대상이 될 수 있다는 사실도 결코 받아들이지 못한다. 견고한 중세의 성채처럼 자신이 구축해 온 굳건한 성채 속에서 안주하게 된다.

그들에게는 문제 의식이나 지적 호기심, 그리고 지적 긴장감이 부족하다. '나는 이 분야에 관한 한 알 만한 것은 다 알고 있다'라는 오만이나 자만감이 가슴 깊이 자리 잡으면, 새로운 것을 익히고 배워야 한다는 어떤 동기도 부여받지 못하게 된다. 나는 현장에서 그런 사람들을 자주 만난다. 중년의 나이가 되면 완고한 사람과 그렇지 않은 사람을 얼굴의 표정이나 잠시 동안의 대화만으로 대충 구분하게 된다.

그러면 누가 유연한 사람일까? 유연한 사람들은 완고한 사람들과 어떻게 다를까? 유연한 사람들은 직장이나 사업의 연수가 더해질수록 자신이 너무 부족하다는 것을 깨우치게 된다. 그들은 많이 알면 알수록 자신의 부족함을 채워나가지 않으면 발전은커녕 현상 유지도 불가능하다는 위기감을 느낀다. 뿐만 아니라 그들은 창조의 본질을 정확하게 알고 있다. 창조는 '하늘 아래 새로운 것은 없다'는 것이다. 다양한 정보를 우선적으로 입수해야 하며, 타인의 의견이나 주장을 수용해야 하고, 그것들을 종합함으로써 창조가 이루어질 수 있다는 사실을 잘 안다. 유연한 사람들은 창조를 위해 먼저 열심히 배워야 한다는 사실도 경험을 통해 알고 있다. 배움이 일정 수준을 넘어서게 되면 배움과 창조는 서로 얽힌 고리 관계이고 시너지 효과를 발생시킨다는 사실을 알게 된다.

유연한 사람과 완고한 사람의 차이는 독서하는 과정에서도 나타난다. 완고한 사람은 저자의 주장들에 대해 가능하면 비판적으로 접근한다. 독서법을 다룬 책들 가운데 이런 방법으로 접근하라고 권하는 책들도 있다. 분석적 접근, 비평적 접근이 중요하다고 말하는 독서 전문가들도 있다. 다수 의견과 차이가 있을지 몰라도 나는 그렇게 생각하지 않는다. 특히 실용독서의 경우 가능한 한 책읽기를 하는 동안 자신의 시각이나 관점에 사로잡혀 저자의 주장이나 의견을 미리 판단해 버리는 태도를 버려야 한다.

실용독서의 경우 스폰지처럼 받아들일 자세를 가져야 한다. 그러니까 새로운 정보들이 입력될 만한 충분한 여유 공간을 마련해 두고 책을 읽어나가는 것이 좋다. 이는 그렇게 어렵지 않다. 나는 주로 다음과 같은 생각을 하면서 책을 읽는다.

"이 정도의 책을 쓸 만한 사람이라면 이 분야에서 상당한 내공을 축적한 사람일 것이다. 이 사람이 갖고 있는 모든 정보와 경험, 그리고 노하우를 이 책을 통해 확실히 배우고 싶다."

다시 말하면 겸손하고 겸허한 마음가짐으로 저자의 책을 대한다는 이야기이다. 이따금 기대에 훨씬 못 미치는 실망스러운 책을 읽을 때도 있다. 수준 이하의 책 때문에 화가 난 적도 몇 번 있었다. 하지만 수준 이하의 책일 때조차도 책을 쓰는 일의 어려움을 알기에 저자의 노고에 감사함을 표하게 된다.

아무튼 책읽기의 초기 단계에서의 반론과 반박을 위한 독서는 나의 경험으로 보아 그다지 바람직하지 않다. 베이컨은 독자들을 위한 훈계에서 "반론이나 반박을 위한 독서는 하지 말라. 책의 뜻을 잘 모르면서 그대로 외는 것도 좋지 않다. 이야깃거리를 만들려고 책을 읽는 것 역시 탐탁하지 않다. 중요한 것은 음미하고 숙고하는 일이다"라고 말하였다.

그렇다고 양순한 양처럼 책을 읽어야 한다는 것은 아니다. 나는 저자에게 동의할 수 없는 부분이 등장하면, '물음표'나 '글쎄' 등과 같은 표시로 저자에게 동의하지 않음을 분명히 한다. 그리고 나서 크게 개의치 않고 계속 책을 읽는다. 설령 여러 부분에서 저자에게 동의할 수 없더라도 저자에 대한 배려와 겸손한 마음가짐으로 책을 끝까지 읽는다.

흥미로운 사실은 책을 읽는 자세 역시 세월과 함께 좀더 숙성된다는 점이다. 젊은 시절에는 논쟁적 성향이 있어서 책읽기 역시 예리하게 진행된 데 반해, 40대에 접어들어서의 실용독서는 좀더 넉넉한 마음으로 저자의 단점이나 결점조차 껴안으면서 읽어나가는 여유가 생겨난다. 아마도 나이를 더 먹게 되면서 훨씬 관대한 책읽기, 넉넉한 책읽기를 하게 될 것 같다.

"정말 이렇게 멋진 책을 통해 많은 배움의 기회를 주셔서 감사합니다."

이것이 내가 책읽기를 해나갈 때 저자와 편집자 및 출판사에 대해 갖는 기본적인 마음가짐이다.

☑ 배움과 창조의 자세를 습관화하여 시너지 효과를 얻는다.

07 | 의도적으로 읽는 시간을 만들어라

나는 언제 어디서든 단 몇 분만 틈이 나도 책읽기를 한다. 이런 습관을 여러분의 것으로 만들면 어떨까? 대개 바빠서 책을 읽을 수 없다고 하는데, 오히려 솔직한 이유는 바쁘다기보다 책읽기가 생활의 우선순위에 들어 있지 않기 때문이다. 그리고 책을 읽는 것이 거의 생활화되어 있지 않기 때문이기도 하다.

크게 마음먹고 하는 일이 책읽기라는 생각을 던져버리면 어떨까? 다른 활동과 달리 책읽기란 조금 엄숙해야 한다는 생각 역시 버릴 필요가 있다. 많은 사람들은 1시간이나 2시간 정도의 연속적인 시간을 확보한 다음에 혼잡스럽지 않은 장소에서 집중해서 하는 일이 책읽기라고 생각한다. 드러내놓고 인정하지 않을지는 모르지만, 책읽기는 공부하기와 마찬가지로 '엄숙함' 과 '경건함' 을 내포하고 있다.

그런데 엄숙한 대신 경박함으로, 경건함 대신 발랄함으로 읽는 행위에 대해 다시 한 번 생각해 보는 것은 어떨까? 나이가 조금 든 사람이라면 정장이 편하다. 그래서 어느 곳을 가든지 가급적이면 정장을 선호한다. 그러다 우연히 젊은 사람들을 보고 그들을 따라하기 시작할 때도 있다. 비싸지 않지만 깔끔한 캐주얼 웨어 입기를 시도했다가 그 묘미에 빠져들 때도 있는 것이다. 그때 깨우치게 된다. '웬걸, 고정관념이란 것이 이렇게 무섭구나'라고 말이다. 책읽기도 마찬가지다. 책읽기를 공부하기와 동의어로 해석할 필요는 없다. 텔레비전을 보는 것처럼, 식사를 하는 것처럼, 친구를 만나서 시시한 신변잡기를 늘어놓으며 시간을 보내는 것처럼 대할 수 있다.

내가 권하고 싶은 것은 '언제 어디서든 틈이 날 때마다 읽는다'라는 습관을 여러분 자신의 것으로 만들어보라는 것이다. 반드시 묵직한 책을 선호할 필요는 없다. 시간이나 장소에 따라서 손에 꼭 들어오는 컴팩트한 책도 함께 읽어보라. 책읽기는 그냥 숨을 쉬는 것처럼, 생각을 하는 것처럼 가볍게 할 수 있는 쉬운 일이라는 생각을 가지게 될 것이다. 아마도 여러분에게 이것은 아직 익숙하지 않을 것이다. 그러나 엄숙주의로 채색된 책읽기라는 고정관념이나 선입견을 벗어던지면 새로운 세계가 열릴 것이다.

어제는 오전과 오후에 강연 스케줄이 잡혀 있었다. 새벽 6시

30분에 출발해서 새벽 1시에 들어오는 이례적인 일정이었다. 오전에 4시간 강연, 그리고 오후에 2시간 강연이기 때문에 빡빡한 일정을 소화해야 했다.

나는 강연 전에 짐을 모두 꾸려둔다. 강연록을 보완하기 위해 이면지를 넉넉하게 파일에 넣고 노트북이 충분히 충전되어 있는지 확인한 다음에 가방에 넣는다. 그 다음에는 이동 중에 불편하지 않도록, 소형 옷걸이, 지갑, 핸드폰 등을 챙겨넣는다. 마지막에는 책에 대한 선택 문제가 남게 된다. '내일 어떤 책들을 읽고 싶은가?' 라고 나 자신에게 물은 다음 이동하면서 읽을 만한 가벼운 책과 무거운 책을 3~4권 준비한다. 이때 비행기나 자동차, 그리고 기차 안에서 가볍게 읽어내릴 수 있는 실용서를 꼭 갖고 다닌다.

저자는 몇 달 동안 정성을 들여 책을 준비했겠지만, 나에겐 단 몇 시간이면 충분하다. 책을 읽고 난 다음이면 꼭 이런 생각이 든다. '정말 책처럼 싼 것이 없구나. 이렇게 한 사람이 몇 달을 고심해서 쓴 내용을 에센스만 뽑아 내 것으로 만들 수 있다니……'

어제 읽었던 책 가운데 한 권은 손에 꼭 들어오는 아주 가벼운 책이다. 삼성SDS 사장을 지냈던 김홍기가 쓴 《디지털 인재의 조건》이라는 책이다. 그 책에서 무슨 대단한 내용을 기대한 것은 아니다. 기업의 일선에서 물려난 사람이 자신의 경험을 바탕으로 쓴 책이라면 분명히 건질 만한 것이 있을 것이라는 현실적인 계산으로 그 책을 가방 속에 넣어두었다. 연수원들이 있는 기흥까지 이동하는 동안에 3분의 1 정도 읽고, 점심식사를 위해서 잠시 방문한 서울역의 한 일식집에서 나머지 3분의 1을, 그리고 대전역 즈음 기차 안에서 3분의 1을 읽었다.

여러분은 신문을 크게 마음먹고 의복을 단정히 한 다음에 읽지 않을 것이다. 조금은 건방지게 신문을 대할 것이다. 신문을 작심한 다음에 읽는 사람은 없을 것이다. 왜 책을 그렇게 대하면 안 되는가? 책에 관한 한 경건함과 엄숙함으로 대해야 한다는 선입견만 버릴 수 있다면 얼마든지 가능한 일이다. 1분도 좋고, 5분 좋다. 10분이면 더 좋은 시간이다.

일단 책을 든 다음에 언제, 어디서든 책을 읽도록 해보라. 실용서 가운데 많은 책들은 1시간이나 2시간 정도의 시간을 들여 읽는 것이 오히려 책을 과분하게 대하는 것이 아닐까라는 생각이 들게 만든다.

얼마 전 광주의 B사에서 강의를 할 때였다. 어느 임원분과 대화를 나누었는데, 그분이 나를 초청하게 된 계기는 《두뇌 가동률을 높여라》라는 나의 저서를 읽었기 때문이라고 한다. 그분은 일주일에 한 번 정도 수원역에서 광주까지 이동을 하는데, 역 구내의 서점에서 내 책을 발견했다고 한다.

"아는 작가이기에 반가운 마음에 책을 골랐습니다. 아주 재미

있던데요. 짧게 짧게 정리된 책이라 광주에 도착하기 전에 다 읽어버렸습니다."

원래 실용서의 상당 부분 이렇게 읽어야 한다. 위에서 이야기한 김홍기의 책을 읽으면서 나는 예상을 뛰어넘는 수확을 얻었다. 수확이라고 해서 무슨 대단한 이론이나 논리가 들어 있었다는 이야기는 아니다. 내가 평소에 가져왔던 생각을 확인시켜 주는 내용이다. 나는 그 내용을 시흥의 강연장에 참가했던 젊은 직장인들에게 또박또박 읽어주었다.

"한국 여성으로서 미국 정부의 고위직에 올라간 전신애 노동부 여성국장은 2002년 11월에 다음과 같이 예견한 바 있다.

현재 5세 어린이가 성인이 되었을 때는 전체 직업의 90퍼센트가 현재는 존재하지 않는 새로운 것이 될 가능성이 높다. 자녀들이 어떤 환경에서도 살아남을 수 있도록 기본적인 기능을 탄탄하게 키워주고, 감성과 인성 교육을 충분히 하라. 정보통신 산업과 생명공학의 급속한 발전으로 직종과 직업의 생성, 소멸 속도가 빨라지고 있다. X세대(18~35세)의 경우도 노동시장의 급속한 변화를 경험하게 되어 평생 5~6개 정도 직업을 바꿔가며 살게 될 것이다."

이렇게 나의 직관과 통찰력을 확인시켜 주는 이야기를 듣는 것은 가치가 있다. 다음 단계를 이해하기 위해 책읽기에 박차를 가할 수 있기 때문이다. 시흥의 강연장에 참가한 한 젊은이에게 나는 지하철로 이동하는 1시간 동안 무엇을 하느냐고 물었다.

"그냥 아무 생각 없이 무료 신문을 보면서 출근합니다"라고 그는 답하였다. 그는 한국의 최고의 기업에 입사한 지 2년째 되는 29살 나이의 젊은이였다. 정말로 그렇게 시간을 보내기에는 시간이 너무 아깝다. 모르는 것을 깨우치고 필요한 것을 충분히 습득하기에는 하루가 너무 짧다는 생각이 들 때가 많다. 같은 삶을 살더라도 어떻게 살아가고 있느냐에 따라 크게 차이가 날 수밖에 없기 때문이다.

기흥 강연을 마치고 나는 서울역을 거쳐 전주로 이동하였다. 익산역에 마중을 나오신 분은 의류사업을 6년 간 해오신 분이었다. 대화를 나누다가 우연히 작년도의 불황 이야기가 나왔다.

"정말 불황이 심했거든요. 불황이 심하면 사람들이 먼저 줄이는 지출 항목이 옷을 사는 비용이거든요. 그런데 그처럼 어려운 와중에서도 A사는 거의 1천억 원의 이윤을 남겼습니다. 정말 대단한 일이지요."

그의 이야기를 듣자마자 나의 머리 속에는 A사가 추진해 온 독서경영을 통한 전 기업의 지식 경영화와 개인의 자기 계발에 대한 동기 부여가 떠올랐다. 이렇게 읽고, 듣고, 보고, 대화를 나누다 보면 모든 정보가 융합 상태에 도달할 수 있음을 알아차리게 된다. 그래서 나는 틈만 나면 그냥 읽고 또 읽는다. 걷는 것처럼, 숨을 쉬는 것처럼, 밥을 먹는 것처럼 말이다. 이런 활동이 무

슨 특별한 이유나, 특별한 계획이나, 특별한 각오로 시작되는 것
은 아니지 않은가?

↘ **신문을 읽는 것처럼 책읽기를 가볍게 여긴다.**

08 | 쌓아두어라

나의 저서 《공병호의 자기경영노트》에는 독서법에 관련하여 이런 이야기가 나온다.

"어떤 실용서라도 구입하고 나면 24시간 내에 핵심적인 20퍼센트를 읽어내는 원칙을 몸에 익히자. 어려운 일이 아니다. 어떤 경영자들은 '24시간 내 결재'를 원칙으로 삼기도 한다. 그리고 어떤 사람들은 24시간 내에 자신이 받은 메일이나 기타 서류의 피드백을 원칙으로 삼는다. 그와 마찬가지로 일단 자신의 손에 들어온 책은 24시간 내로 독파한다는 원칙을 세우면 좋을 것이다. 그것은 나름대로의 지식 경영을 관류하는 하나의 대 원칙이 될 수 있다."

그 책이 나온 시점이 2001년 12월 초순경이다. 책이 출판된 이후 시간이 많이 흘렀고, 나의 생활에도 큰 변화가 있었다. 일단 시간의 가치가 무척 비싸졌고, 좀처럼 서점을 들러 한가하게 이곳저곳을 거닐 시간이 없어졌다. 좋은 책을 직접 보고, 요모조모 비교하면서 책을 사지 못하게 된 것이다. 왜냐하면 시간이라는 자원이 과거에도 중요했지만, 이제는 과거와 비교할 수 없을 정도로 귀해졌기 때문이다.

아마도 지금은 어떨지 모르겠지만, 앞으로 대다수 직장인들이 직면하게 될 현실이 아닐까 생각한다. 아침형 인간이나 시테크와 같은 용어들이 이따금 유행병처럼 번지기는 하지만 여전히 경제 활동에서 시간을 아끼는 일이 소비자나 생산자 모두에게 최고의 우선순위는 아니다. 마치 매우 중요한 것처럼 여기고 행동하고 있지만, 여전히 시간을 낭비하는 활동들이 지배하는 곳에서 살고 있다. 다시 말하면 여전히 시간은 낭비되고 있다.

그런데 차츰 큰 변화가 일어날 것으로 보인다. 사람들은 변화의 속도가 빨라지면 빨라질수록 시간의 가치를 인식하고 적극적으로 대처하게 될 것이다. 온라인 서점을 통해 책을 구입하는 횟수가 훨씬 늘어날 것이다. 나의 경우를 생각해 보면 앞으로 세상이 어떻게 변모해 나갈지 단서를 확인할 수 있다. 오프라인 서점에 들러서도 이곳저곳을 다니면서 책을 비교하기보다 다소의 손해를 감수하고라도 책을 한꺼번에 왕창 사버리게 된다. 편리하기도 하지만 그보다 훨씬 중요한 점은 시간을 아낄 수 있기 때문이다. 그리고 온라인 서점에서 책을 대량으로 구매하는 것이 책의 변별력 면에서 그다지 떨어지지 않는다.

이제 나는 과거처럼 서점을 방문하지 않는다. 일주일마다 할인점을 방문해서 식료품을 구매하는 사람들처럼 토요일이나 일요일마다, 혹은 격주 간격으로 느긋한 시간에 1시간 정도의 시간을 들여서 책을 구매한다.

이따금 직접 책을 확인하지 않고 구매한 탓에 실망스러운 책도 있지만 대수롭지 않은 일이다. 왜냐하면 그런 비용을 줄이기 위해 시간을 들여 서점에 들르는 일이 그다지 생산적이지 않기 때문이다.

한꺼번에 구매한 식료품을 냉장고에 차곡차곡 보관하듯이, 책은 어떻게 구비하는 것이 좋을까? 우선 눈에 가장 잘 띄는 곳에 쌓아두는 것이 좋겠다. 나는 연구실 입구에 있는 소형 책상 위에 책을 수북하게 쌓아둔다. 그곳은 구입한 다음 읽지 않은 책을 특별히 보관하는 장소다. 처음에는 책장 한켠에 보관해 두었다. 이런 경우 책을 읽어야 한다는 부담감이나 긴박감을 전혀 느낄 수 없었다.

그래서 나름대로 생각한 끝에 책 구입을 위해 이미 돈을 투자해 버린 책을 산더미처럼 쌓아두는 방식을 시도해 보았다. 매우 효과가 있었다.

오고 가는 길에 이 책 저 책을 선택해서 중요 부분을 통독하고 책의 전모를 수시로 파악하고 있다. 게다가 책이 항상 산더미처럼 쌓여 있기 때문에 기분이나 장소에 따라서 적합한 장르의 책을 선택해서 읽을 수 있다. 무엇보다 중요한 점은 구입한 다음에 눈에 잘 띄는 곳에 책을 쌓아두면 빠른 시간 내에 읽어야 할 책이 있음을 늘 상기하게 된다. 한마디로 심리적 부담감을 자신에게 부여하라는 말이다.

숙제가 주어지면 사람은 틈을 내서 숙제를 마치려고 한다. 책읽기란 숙제와 마찬가지라 생각한다. 구입한 다음에 쌓아둔 책을 마냥 무시해 버릴 수는 없다. 자유시간이 주어지거나, 의욕에 차 있을 때는 마치 미지의 세계를 정복이라도 하듯 열심히 읽어낸다. 그러다 보면 쌓아둔 책은 점점 줄어들게 된다. 그러면 또다시 온라인 서점의 배달 시간을 고려해 새로 나온 책을 넉넉히 주문한다.

물론 필자와 같이 책읽기가 직업이 아닌 사람들에게 정도의 차이는 있을 수 있다. 하지만 앞으로는 책을 낱권으로 구입하지 말고 여러 권을 한꺼번에 구입하여 내가 언급한 방법을 시도해 보는 것도 좋을 것이다.

'이만큼 읽어야 할 책이 남아 있다.' '여기에 있는 책은 반드시 읽어야 한다.' '이미 돈을 지불했으니 본전을 뽑아야지.' 하는 등의 부담감을 자신에게 줄 필요가 있다. 자신에게 부담감을 주는 여러분만의 고유한 방법을 고안해 보라. 사람마다 소득의 수준이 다르기 때문에 무엇이라고 단정적으로 이야기하긴 힘들지만, 책을 구입하는 데 너무 째째하게 굴 필요는 없다. 투자하고 수익을 거두어들인다는 생각을 갖고 책을 구매하는 것이 좋을 것이다.

↘ **구입한 다음에 눈에 잘 띄는 곳에 책을 쌓아둔다.**

안철수의 독서법

1. 사람들은 자기가 이미 알고 경험한 정도만큼 책을 통해서 얻을 수 있다.

· 책 읽는 사람의 지식, 경험의 크기에 따라서, 그리고 현실에서 얼마나 고민하고 열심히 살아왔느냐에 따라서 이해의 정도와 폭이 다를 것이다.

2. 독서에서 글을 읽는 만큼 중요한 것은 사색이다.

· 책을 읽어서 해치운다는 마음가짐보다는 책에서 얼마나 많은 것을 얻을 수 있느냐에 중점을 두어야 한다. 여러 권의 책을 읽는 것보다는 좋은 책 한 권을 천천히 생각해 가면서 읽는 것이 더 좋다고 생각한다.

3. 몇 권의 좋은 책만 집중해서 보는 것이 잘못된 것은 아니지만, 편협한 사고방식을 가지는 것은 경계해야 한다.

· 책은 세상을 바라보는 저자의 시각을 담아놓은 그릇이다. 세상의 모든 사물들과 현상들은 여러 가지 측면을 가지고 있기 때문에, 이들을 올바로 이해하기 위해서는 여러 측면에서 바라보아야 한다.

4. 책은 읽기만 하는 것으로 그치면 아무런 소용이 없다는 것이 필자의 믿음이다.

· 책은 사고방식의 변화를 가져오거나 새로운 시각을 제공해 줌으로써 궁극적으로 마음가짐의 변화, 생활 습관의 변화, 일하는 방식의 변화를 가져와야 한다. 필자는 개인적으로 "현실에 반영하지 못하는 지식은 쓸모없는 것이다"라는 말에 공감한다. 생각만 하고 행동에 옮기지 않으면 아무런 소용이 없다.

5. 책은 교육과 마찬가지로 영향을 미치는 데 어느 정도의 시간이 필요하다.

· 어떤 경우에는 몇 년 후에 그 효과가 나타나는 경우도 있다. 따라서 책을 읽은 효과가 바로 나타나지 않는다고 해서 조급해 할 필요는 없다고 본다. 책을 읽으면서 충분히 사색하고 책을 읽은 후에 그 시각을 적용하고자 노력했다면 언젠가는 내재화한 지식이 빛을 발할 것이라고 믿는다.

―출처 : www.ahnlab.com

PART 3

↘ 실용독서 실천하기

어린아이가 제일 자주 하는 말은 '왜?'라는 질문입니다. 이 간단한 질문, 가장 기본적인 호기심에서 가장 위대한 행위와 업적들이 탄생합니다. 어린아이의 용감한 정신은 우리 각자의 마음속에 존재하는 천사이지만 우리가 성장함에 따라 점점 움츠러듭니다. 그러나 그 천사는 여전히 우리 안에 있습니다. 우리는 근육이 녹슬지 않도록 운동을 하는 것처럼 우리 마음속에 있는 어린아이를 튼튼하게 지켜줄 책임이 있습니다.

— 스티븐 스필버그

OI | 좋아하는 장르부터 시작하라

대다수 사람들은 책을 읽는 일에 익숙하지 않다. 필자 역시 학교를 졸업하고 직장 생활을 시작한 처음에는 다른 사람들과 마찬가지로 전공 분야의 학술서를 읽는 것을 제외하고는 그다지 책 읽는 것을 좋아하지 않았다. 그래서 누구보다 보통 사람들의 책 읽기에 대한 생각을 이해할 수 있다.

만일 독서가 익숙하지 않을 때, 어디서부터 시작하는 것이 좋을까? 아무 책이나 읽을 수도 있지만, 우선은 독서의 유용성이나 즐거움, 그리고 유쾌함을 느낄 수 있는 종류의 책부터 읽기 시작하는 것이 좋겠다. 간략하게 다음과 같은 몇 가지 질문을 던져보라.

- 나는 어떤 분야에 흥미를 갖고 있는가?
- 나는 어떤 분야를 좋아하는가?

· 나는 무엇을 알고 싶어하는가?

패션, 여행, 운동, 요가, 골프, 자기 계발 등 어떤 주제라도 괜찮다. 마치 식욕이 당기는 음식을 찾아 먹듯이 처음에는 지적 욕구가 당기는 장르의 책들부터 읽기 시작할 필요가 있다. 여기서도 'Follow your heart' 라는 격언을 기억해 둘 필요가 있다.

그러나 많은 독자들은 이처럼 간단한 조언을 받아들이지 않는다. 책읽기 역시 별다른 생각 없이 그냥 유행을 따르는 경우가 많다. 그리하여 남들이 원하는 취향에 자신의 선택을 맡겨버린다. 스스로 책을 선택할 수 있는 변별력이 부족하다고 느끼는 사람들이 많은 것이다. 때로는 시대에 뒤쳐지고 있다는 불안감을 떨쳐버리기 위해, 혹은 시대의 주류에 자신도 속해 있다고 느끼기 위해 다수의 사람들이 읽는 종류의 책을 읽는 경향이 있다. 베스트셀러를 하나의 기준으로 삼아 책읽기를 하는 사람들도 많고, 특정 언론사에서 대대적으로 소개한 책을 선택하기도 한다. 그러니까 대부분은 스스로 주도적으로 선택해서 책을 읽기보다 다수의 의견을 따르게 된다.

이들은 '요즘에 무엇이 뜬다더라' 라는 소문이나 풍문을 듣고 책을 읽게 된다. 베스트셀러는 다수가 선택한 책이기 때문에 선택에 실패할 가능성은 낮지만, 독서를 지속적으로 할 수 있는 인센티브를 제공해 주는 경우는 드물다. 베스트셀러를 찾아서 생각날 때마다 한 권 한 권 책을 선택하는 것도 나름대로 의미가 있지만, 이는 단 한 번에 끝나는 축제나 이벤트와 비슷한 효과를 발휘한다. 때문에 그냥 단 한 권의 책읽기로 끝나버리는 경우가 많다.

책읽기도 자신만의 방식을 고집할 필요가 있다. 내게 필요한 것을 읽는다, 내가 좋아하는 것을 읽는다, 그러니까 '나의 길을 간다'는 원칙을 늘 염두에 둘 필요가 있다. 처음에 내가 책을 가까이하게 된 것도 당시 강한 지적 욕구를 가지고 있었던 분야에 대한 책을 대하면서 책읽기의 유용성과 즐거움을 직접 체험할 수 있었기 때문이다.

처음에 책읽기를 본격적으로 시작한 때는 지금으로부터 15년 전이다. 당시에 독서를 시작한 중요한 이유 가운데 하나는 식견과 안목을 넓히는 것이었다. 때문에 이와 관련된 주제의 책들을 뽑아서 집중적으로 읽어나가는 형식을 취하였다. 그 결과 왜 책읽기가 중요하고 유용한가를 직접 체험할 수 있었고, 이를 기초로 폭넓은 독서가 가능하였다. 결과적으로 나는 흥미로운 분야부터 시작한 책읽기 때문에 지속적인 독서를 가능케 하는 기초를 다질 수 있었다.

그래서 나는 지금도 이런 원칙을 계속 유지하고 있다. 일주일에 한 번 정도 주요 온라인 서점의 베스트셀러 목록을 대충 훑어본다. 하지만 이는 다수 사람들의 독서 경향을 파악하거나 내가 낸 책들이 어느 정도 인기를 끌고 있는가를 체크할 때 활용할 뿐이다. 어떤 책을 읽어야 할까, 혹은 어떤 책을 사야 할까를 결정할 때는 두 가지 방법을 사용한다.

새로 나온 책의 목록을 쭉 훑어가면서 최근 나의 지적 욕구나 흥미와 맞아떨어지는 책을 고른다. 이따금 분야별로 방문해 보기도 한다. 이를 테면 역사, 인물, 자기 계발, 경제 등 흥미 있는 분야별로 어떤 책들이 나와 있는지 살펴가면서 책을 고른다. 시간이 충분하면 직접 서점을 방문하는 것도 괜찮겠지만, 온라인 서점에서 분야별로 책을 검색하다가 책의 제목이나 이미지를 통해 새로운 욕구를 느낄 때도 많다.

아무튼 자신의 욕구나 필요에 따라 독서를 하라는 점을 거듭 강조하고 싶다. 이것은 독서에서도 '홀로서기'가 필요하다는 의미이다. 이런 과정을 통해 책을 고르는 변별력도 높아지고, 주도적으로 책을 읽어나가면서 자신이 어떤 방향의 독서를 해나가야 할지에 대한 자신감이 생겨난다. 다수 의견에 따라 수동적인 책 읽기를 할 것이 아니라 스스로 책읽기를 주도해 나갈 수 있다는 자신감을 갖게 되는 일은 정말 중요하다.

책읽기와 세상살이에는 공통점이 있다. 상황은 다르겠지만 월마트 샘 월튼의 자서전에 나오는 몇몇 대목은 어떤 책부터 읽기 시작해야 할지 고민하는 사람들에게 교훈을 줄 것이다.

"흐름을 거슬러 헤엄쳐라!"

"다른 방향으로 생각할 줄 알아야 한다. 사람들이 흔히 던지는 충고는 무시하라. 모든 사람이 한 방향으로 생각하고 행동한다면, 당신은 그와 정반대 방향을 선택함으로써 당신만의 기회를 만들어낼 수 있다. 이때 당신이 잘못된 선택을 했다며 같은 길로 가자고 부추기는 사람들을 당당히 거스를 각오를 해야 한다. 지난날을 돌이켜보면, 나는 그런 말들을 너무나 많이 들으며 살아왔다. 예를 들면 인구 5만 명도 되지 않는 타운에서는 할인점이 오래 버텨내지 못할 거라는 말들 말이다."

내가 처음 책읽기를 본격적으로 시작했을 때도 이 같은 샘 월튼의 원칙에서 크게 벗어나지 않았다. 그냥 베스트셀러를 따르는 방식을 취하지 않았다. 나는 지금도 베스트셀러에 그다지 큰 비중을 두지 않는다. 내 방식대로 책읽기를 고수하고 있다. 조금은 고집스러울 정도로 나의 취향이나 필요에 따라 책읽기를 하고 있다.

◪ **지적 욕구가 당기는 장르의 책들부터 읽기 시작한다.**

O2 | 몇 권의 책과 항상 함께 하라

한 권의 책을 읽기 시작하면 완독하기 전까지는 좀처럼 다른 책을 집지 못하는 사람들이 있다. 이들은 한 권은 완전히 마무리한 다음에 다른 책을, 그 다음에 또 다른 책을 읽는다. 물론 미진한 기분을 남기지 않는다는 점에서 이 같은 독서법이 가진 효과도 있다.

하지만 몇 시간이나 반나절, 혹은 하루 정도의 연속적인 시간을 확보해서 한 권을 완독하지 않는 한, 이 같은 독서법은 그다지 효과적이지 않다. 설령 시간을 틈틈이 낼 수 있다더라도 집중력이나 호기심은 오랫동안 유지될 수 없다.

사람의 호기심이나 흥미는 연속적인 시간대에서도 여러 번 변화하게 된다. 만일 여러분에게 일요일 하루 동안 4시간이나 5시간 정도의 시간이 주어졌다고 하자. 이때 한 권의 책을 붙잡고 처음부터 끝까지 읽어나가는 것을 너무 우직한 방법이다. 그 시간 동안 사람의 집중력과 호기심은 수시로 변화하게 마련이다.

그래서 나는 좀 다른 방법을 권하고 싶다. 효과적인 독서법을 원하는 사람이라면, 한 권을 고집하기보다 항상 몇 권의 책을 대기 상태에 놓아두어야 한다. 변화하는 집중력이나 호기심에 대응한다는 소극적인 의미도 있지만, 좀더 적극적인 의미로 이해하면 집중력을 더욱더 높이고 지속적으로 호기심을 자극하기 위한 방편의 하나이다. 묵직한 주제를 다룬 책뿐만 아니라 가벼운 주제를 다룬 책들도 함께 있어야 한다. 가볍게 읽어내려 갈 수 있도록 짤막짤막한 주제로 정리된 책이 필요한가 하면, 연속적인 스토리 전개가 주를 이루는 책들도 필요하다.

나는 주중에 비해 주말에 시간이 많다. 예를 들어 일요일에는 오전에는 역사나 철학, 혹은 경제 문제를 다룬 묵직한 주제의 책들을 읽는 것이 효과적이지만, 오후 시간에 그런 책을 계속해서 고집하면 읽는 효과도 떨어질 뿐만 아니라, 책읽기가 의무의 대상이 되어버린다. 무엇보다 읽는 행위가 흥미나 재미를 불러일으키지 않는다는 사실을 알아차리는 즉시 책의 주제를 바꾸는 것이 더욱더 현명한 일이다. 우직하게 계속해서 특정 책을 고집할 필요는 없다. 책이 재미가 없다든지 이따금 졸고 있는 자신을 발견하게 되면 책의 주제를 바꿔야 할 때가 되었다는 징후인 것이다.

그런데 분주한 직장인들이나 사업가의 경우, 몇 시간 동안 책을 읽을 만한 여유를 갖기란 거의 불가능하다. 틈틈이 책을 읽을 수밖에 없는데, 이때도 마찬가지로 책읽기의 집중도나 흥미도가 수시로 변화한다는 사실을 알아차리게 된다. 사람이 호기심을 유지하거나 집중할 수 있는 시간은 그렇게 길지 않다. 그래서 책을 읽다가 흥미가 떨어진다고 판단되면 다시 읽어야 할 부분을 북마크 등으로 잘 표시해 두고 다른 책을 읽으면 된다. 다른 책도 별 흥미가 없으면 또 다른 책으로 옮겨가는 방법이 좋다. 마치 메뚜기가 이 나무에서 저 나무로 폴짝 뛰는 것처럼 책을 읽는 방법도 바람직하다. 주제를 바꿔 이런 저런 책을 읽을 경우 자신의 두뇌 역시 자극을 받는다는 사실을 느낄 수 있을 것이다.

이 글을 쓰기 하루 전날, 과연 어떤 책이 나와 동행하였을까? 에드워드 호프만의 《세상을 다 가져라(Graduation Widsom)》, 홍하상의 《오사카 상인들》, 김건우의 《옛사람 59인의 공부산책》, 찰스 맥케이의 《대중의 미망과 광기》 등이 나와 동행하였다. 이 중 가장 묵직한 책은 455쪽이나 되는 찰스 맥케이의 책이다. 그 밖의 책들은 가볍게 읽을 수 있는 책들이었다. 특히 에드워드 호프만이나 홍하상의 책은 이동중에 키워드 중심으로 읽어가도 크게 문제가 될 것이 없었다. 물론 그렇다고 해서 그 책들의 내용이 가볍다는 이야기는 아니다.

한 권의 책과 오랜 시간 동안 함께 다니는 것보다 다양한 책들과 동행함으로써 더욱 즐거운 독서 여행을 즐길 수 있다. 미국

유명 대학의 졸업식장에서, 일본 오사카 상인들의 활약지로 무대 배경을 옮길 수 있다. 시공을 초월해서 한 시대의 획을 그었던 선조들의 학문적 성과를 찬찬히 음미해 볼 수도 있고, 무지한 인간들의 집단적 광기가 어떻게 역사 속에서 반복되어 왔는가를 살펴볼 수도 있다.

이렇게 하면 항상 팽팽한 지적 긴장감 속에서 생활할 수 있다. 이런 긴장감은 삶이란 얼마나 유한한 것인지, 인생을 얼마나 열심히 살아야 하는지, 자신이 얼마나 부족한 인간인지를 끊임없이 자문하게 된다는 점에서도 가치가 있다. 소련 과학자로 다방면에 걸쳐 방대한 학문적 성과를 남기고 세상을 떠난 사람이 있다. 그는 총 1만 2,500여 장에 달하는 논문과 연구 자료를 남겼는데, 그의 지적 유산에는 곤충분류학, 과학사, 농학, 유전학, 식물학, 철학, 곤충학, 동물학, 진화론, 무신론 등이 포함되어 있다. 다닐 알렉산드로비치 그라닌이 쓴 《시간을 정복한 남자, 류비셰프》에는 이런 대목이 나온다.

류비셰프는 자투리 시간을 효과적으로 사용하기 위해 매우 세세한 계획을 세웠다. 예를 들어 여행을 할 때에는 반드시 가벼운 책을 읽거나 외국어 학습을 하였다. 영어도 자투리 시간을 통해서 독학했다.

'내가 소련식물보호연구소에서 일할 때에는 출장을 가야 하는 일이 매우 잦았다. 그래서 나는 항상 책을 여러 권 가져갔으며 장기간의 출장이 될 경우에는 출장지에 미리 우편으로 책을 부쳤다. 몇 권을 가져갈지는 이전의 경험에 비추어 예상할 수 있었다.

그렇다면 책의 종류나 독서 시간이 어떻게 짜여져 있을지 궁금할 것이다. 먼저 아침에는 머리가 맑기 때문에 철학이나 수학 분야처럼 고도로 집중을 해야 하는 책들을 읽는다. 약 한 시간 반에서 두 시간 정도 읽고 나면 조금 읽기 쉬운 역사나 생물학 방면의 책을 읽는다. 그리고 머리가 피곤해지면 가벼운 소설류를 본다.

여행길에서 책을 보면 이점이 많다. 첫째, 특별히 신경 쓰지 않아도 여행길에 쉽게 적응하게 되어 피로가 덜하다. 둘째, 책을 읽게 되면 잠을 자거나 멍하니 있는 것보다 정신을 똑바로 차릴 수 있다.

버스를 탈 때에도 여러 상황을 고려해 두세 권의 책을 가지고 탄다. 종점 근처에서 버스를 타게 되면 앉을 수 있으므로 책을 읽을 수 있을 뿐만 아니라 필기도 할 수 있다. 만약에 사람이 많이 붐비는 곳에서 버스를 타게 되면 앉을 기회가 잘 없으므로 서서 읽을 수 있는 얇은 책을 가지고 타야 한다. 그리고 요즘에는 나 외에도 차 안에서 사람들이 책 읽는 모습을 종종 볼 수 있다.'

↘ **한 권을 고집하기보다 항상 몇 권의 책을 여분으로 지닌다.**

03 | '수직' '수평' 독서를 병행하라

처음에는 재미 때문에 시작한 독서라도 점점 가속도가 붙게 되면 독서의 지평이 확대되게 된다. 폭넓은 독서를 한 큰아이의 성장기를 돌이켜보니, 큰아이가 독서의 지평을 넓히게 된 계기는 초등학교 저학년 때 60권짜리 《삼국지》를 읽으면서였던 것 같다. 당시를 기점으로 책 읽는 즐거움을 깨우치게 되었고, 이후 명작부터 장르를 가리지 않고 책 읽는 습관을 갖게 되었다.

나의 경우 직장 생활을 시작하고 난 뒤, 처음에는 필요에 의해 독서를 시작하였지만 얼마 지나지 않아 특정 분야만 읽어야 한다는 한계를 뛰어넘게 되었다. 자신의 일과 관련된 분야나 특별히 관심이 가는 분야에 머무르지 않고 책읽기의 범위를 넓혀가는 독서를 '수평(水平)' 독서라고 이름 붙일 수 있다. 깊이를 추구하기보다 관심 분야를 계속해서 넓혀가는 독서를 말한다.

나는 평소 수평 독서 방식을 중심으로 지식을 축적해 나가고 있다. 거의 분야를 가리지 않고 책을 읽는다. 이런 독서 방법을 통해 얻을 수 있는 이점에는 여러 가지가 있겠지만, 특히 중요한 건 직업과 삶에 필요한 다양한 정보를 계속 축적할 수 있다는 점이다. 책을 읽으면서 나는 특이한 정보들이 잠재의식 속에 차곡차곡 정리되어 쌓여간다는 느낌을 갖게 된다. 물론 일부는 망각 속으로 묻혀져 버리겠지만 말이다.

반드시 읽은 것에 비례하여 실용적인 이익을 얻을 수 있는 것은 아니다. 그러나 단기적인 시각을 넘어서 중장기적인 시각으로 바라보면, 잠재의식 속에 얼마나 귀한 정보를 축적하고 있는가에 따라 일과 생의 역량이 달라지게 된다는 사실을 깨우치게 된다. 그래서 나는 책을 읽으면서 발견하게 되는 귀한 정보들을 소중하게 두뇌 속에 입력하고 있다.

아무리 하찮게 보이는 책이라 할지라도 그 속에는 귀한 정보들이 들어 있는 경우가 많다. 좋은 책과 나쁜 책의 차이는 들어 있는 정보량의 차이일 뿐이다. 조금 전 이발을 하러 가는 길에 가벼운 책을 한 권 들고 가서 기다리는 10여 분 사이에 읽었다. 불교 연구가인 타카모리 켄테쓰가 쓴 《빛을 향한 100개의 꽃다발》이라는 책이다. 앞부분을 조금씩 읽어나가면서 크게 얻을 것이 없다는 판단이 섰다. 그래서 시간을 낭비할 필요가 없다는 생각에 제목을 중심으로 후딱 읽어버렸다. 모든 책을 꼼꼼히 읽어

야 할 만큼 인생이 길지 않다는 생각에 나는 이런 책을 만나게
되면 쾌속으로 읽어내려 간다. 그럼에도 불구하고 이 책의 몇몇
부분은 훗날 도움이 될 만한 정보가 들어 있었음은 물론이다.

누구든 독서 습관을 몸에 익히기를 원한다면, 무엇이든지 손
에 들고 읽으라고 권하고 싶다. 사고의 지평이 넓어진다고 생각
하면 된다. 자신이 언제라도 동원 가능한 데이트 베이스를 확충
한다고 생각하면 되는 것이다.

그러나 이 같은 '수평' 독서만으로 충분하지 않다. 이른바 '수
직' 독서가 필요하다. 특정 주제에 대해서 '좀더 깊이 알고 싶
다'라는 바람이나 '좀더 깊이 알아야 한다'는 필요성을 느낄 때
마다 이를 뒤로 미루어서는 안 된다. 지적 호기심 역시 신선도가
있기 때문에 강한 느낌이 있을 때 즉시 실천에 옮기는 것이 좋
다. 나는 주기적으로 특정 주제에 대한 책읽기를 한다. 예를 들
면 '유태인들은 왜 잘사는가?' '미국의 세계 전략은 무엇인가?'
'윈스턴 처칠은 어떤 유형의 리더십을 가진 사람이었을까?' 같
은 호기심이 강하게 나를 끌어당길 때가 있다. 이런 경우 나는
크게 작심하고 주제별로 깊은 독서를 한다.

그런 호기심은 주로 다양한 종류의 독서를 할 때나, 책을 집필
할 때 생겨나는 경우가 많다. 정말 호기심을 채우기에는 세상이
많이 좋아졌다. 굳이 서점을 방문할 필요도 없다. 단골로 방문하
는 온라인 서점 2~3군데에 들러 특정 주제에 대한 검색을 한다.

특정 주제에 대한 제목 색인이나 저자 색인만으로 책을 고르는데는 거의 지장이 없다.

이른바 '수직' 독서란 특정 주제에 대한 깊이 있는 독서를 말한다. 나는 10권 내외의 책을 주문한 다음에 토요일 오후부터 주말 동안 집중적으로 읽어나간다. 이렇게 해서 특정 주제에 대한 지식의 깊이를 더해가는 과정을 반복하고 있다. 이렇게 자신의 역량을 쌓아가면서 내가 크게 깨달은 점은 '취해 살아가기엔 인생이 너무 짧다'는 사실이다. '수직' 독서를 집중적으로 시작하면서 나는 거의 술을 마시지 않는다. 선물로 들어온 술들이 거의 그대로 방치되어 있다. 이렇게 '수직' 독서를 할 때마다 나 자신의 능력이 확장되고, 점점 심화되어 간다는 느낌을 가질 때가 많다.

물론 이처럼 특정 주제에 대한 깊이 있는 독서가 한 분야, 두 분야 거듭되면 이런 분야들이 서로 연결되어 다양한 아이디어를 창출해 내는 경우도 많다. 삼성 SDS 사장을 지냈던 김홍기의 《디지털 인재의 조건》이라는 책에는 전임 사장이었던 남궁석 사장의 독서법이 소개되어 있다. 필자의 '수직' 독서법과 일맥상통하는 점이 있다.

삼성 SDS 사장으로 계실 때 그분은(남궁석 사장)은 원고 없이 연설하시면서도 체계적으로 마음에 와닿게 말씀하시는 것은 물론이고, 연세 드신 분이 연도나 숫자까지도 정확하게 짚으시곤 하였다. 그 비결을 여쭈어보았더니 다음과 같은 경험담을 들려주셨다.

'한번은 인구 300만에 불과한 이스라엘이 어떻게 커다란 저력의 나라가 될 수 있었는지 하도 궁금해서 책방을 모조리 뒤져 이스라엘에 관한 책 10권을 샀습니다. 각 책들의 목차를 읽어보고 잘된 순서대로 배열한 다음 첫 번째 책을 정독하고 요약했지요.

그리고 두 번째 책부터는 중복되는 부분을 빼고 나머지만 읽었습니다. 이런 식으로 하다 보니 마지막 책은 1시간 만에 읽을 수가 있더군요. 이렇게 해서 정리해 놓은 것을 나는 '모듈'이라고 부르는데, 기회가 있을 때마다 적절하게 조합해서 이야기를 합니다. 그러다 보니 그 내용이 완전히 산지식이 되었던 겁니다.'

이 이야기는 우선 어떤 사안에 대해 호기심을 가져야 하고, 이를 해결하기 위해 특정 주제에 대한 책을 집중적으로 읽는다는 점에서 나와 비슷한 면이 많다. 아무튼 평소에는 '수평' 독서로 정보의 축적과 관심의 영역을 서서히 넓혀가면서, 때때로 호기심을 충족시키기 위해 마치 소낙비가 내리듯이 밀어붙이는 독서를 하는 것이 좋다. 이는 특히 직장인이나 사업가들이 활용해 볼 만한 방법이다.

◥ 평소에는 수평 독서로 정보의 축적과 관심의 영역을 서서히 넓혀간다.

04 | 수량 목표를 세우고 읽는다

독서도 목표로부터 완전히 자유로울 수는 없다. 그렇다고 해서 어떤 책을 구체적으로 읽겠다는 목표를 세울 수는 없는 일이다. 학자들의 경우 연구의 주제와 관련해 어떤 종류의 책을 얼마만큼 언제까지 읽어내겠다는 비교적 구체적인 목표를 세울 수 있다. 왜냐하면 학술이란 비교적 예상 가능한 세계이기 때문이다.

하지만 비즈니스맨이나 직장인들에게 그것이 가능할까? 사업 세계의 환경은 시시각각으로 변화해 간다. 환경의 변화에 따라 읽고 싶은 책이나 읽어야 할 책도 계속 변해가는 것이다. 하루에도 수십, 수백 종의 책들이 쏟아져 나온다. 한두 주 정도 온라인 서점을 방문하지 않으면 뒤쳐진 느낌이 들 정도로 각종 신간들이 쏟아져 나온다. 이곳에서 한 달, 일 년 동안 읽어야 할 책을 예상하는 것은 불가능하다. 그리고 그리 가치 있는 일도 아니다.

내가 곤혹스럽게 생각하는 질문 가운데 하나는 내년에 어떤 책을 낼 예정이며, 그에 대한 구체적인 계획을 알려달라는 말이다. 솔직히 나는 일 년 정도의 시간 동안 무슨 일이 일어날지, 그리고 내 두뇌 속에서 어떤 일들이 벌어지게 될지 예상할 수 없다.

비즈니스 세계는 대학이나 연구원의 세계와는 완연히 다르다. 매일매일 격렬한 변화가 일어나고 있다. 그렇다고 책읽기에 전혀 목표가 필요하지 않다는 말은 아니다. 적당한 강제성이나 압박감 없이 독서는 지속적으로 행해지지 않는다. 사람이란 본래 현실에 안주하는 성향이 강한 존재이다. 훗날 독서를 통해 큰 덕을 볼 수 있다고 믿어 의심치 않는 경우라도, 당장 독서가 이득이 되지 않으면 책읽기를 꾸준히 할 수 없는 것이다.

이런 면에서 책읽기에 적당한 목표가 주어져야 한다. 나는 독서에 대한 목표가 있을 경우와 없을 경우에는 커다란 간극이 있다는 사실을 누구보다 잘 알고 있는 사람이다. 책읽기를 위한 목표가 주어지지 않는다면, 독서가 이루어지지 않을 수도 있다. 그러면 독서를 위한 목표란 과연 어떻게 세우는 것이 좋을까?

이럴 경우 수량 지표가 크게 도움된다. 그러니까 데드라인을 정하고 몇 권 정도를 읽는다는 식으로 만들면 된다. 이를 테면 올 한 해 동안 총 몇 권의 책을 읽을 것인지, 또는 한 달에 몇 권의 책을 읽을 것인지 형식적인 목표를 세울 필요가 있다. 자신이 가진 흥미는 계속 변화하고 시중에 나오는 책들도 달라지기 때문에 구체적으로 어떤 책을 읽을 것이라고 구체적으로 목표를 세울 필요는 없다. 목표라는 용기를 만들어야 하지만, 그 용기에 어떤 내용물을 채울 것인지에 대해서는 스스로 충분한 재량권을 갖는 것이 필요하다.

나는 여러 권의 책에서 목표 관리의 중요성을 자주 강조해 왔다. 독서에서도 마찬가지다. 목표는 추구해야 할 분명한 지향점을 제공한다는 점에서 충분한 가치가 있다. 그곳에 어떻게 도달할 수 있을지에 대해 세세한 부분까지 사전적으로 결정해 버리면 의욕은 감퇴된다. 본래 인간이란 미지의 세계를 향해 가면서 불확실함과 위험이 뒤따를 때 자신의 역량을 극대화한다. 독서도 마찬가지다. 몇 권이라는 지향점이 분명히 주어지면, 어떤 책들을 발판으로 그곳으로 나아갈지 고민하게 된다. 그리고 변화의 과정에 있는 업무, 시장, 고객, 호기심 등이 한데 어우러져 계속적인 변화를 추구하게 된다.

우선 '한 달에 몇 권을 읽는다' 는 독서 목표를 세워서 책읽기를 시작해 보면 도움이 될 것이다. 나는 직업적 특성상 몇 권이라는 수량 목표를 정하는 대신 일 년에 몇 권의 책을 집필하겠다는 뚜렷한 목표를 가지고 있다. 이러한 집필 목표를 달성해야 한다는 사실을 나 자신에게 끊임없이 상기시킨다. 스스로를 괴롭힐 정도로 다짐과 결심을 반복하지 않고, '과연 책읽기를 그렇게 열심히 할 수 있을까?' 되묻는다면, '그렇다' 라는 답을 얻기 힘들다.

비즈니스 세계의 사람들은 항상 시간이 부족하다. 그리고 독서보다 우선순위의 상위를 점하는 일들이 많이 있다. 이런 난관들을 극복하고 꾸준히 책을 읽는다는 것은 만만한 일이 아니다. 뚜렷한 독서 목표가 없으면 이따금 필요한 때만 책을 읽는 버릇을 버리지 못할 것이다. 여러분들의 형편에 맞추어 독서에 대한 수량 목표를 뚜렷이 정해야 한다.

◪ **데드라인을 정하고 몇 권을 읽겠다는 목표를 정한다.**

05 | 언제, 어디서나 읽자

사람들은 연속적인 시간이 있어야 책을 읽을 수 있다고 믿고 있다. 때때로 이 같은 믿음은 자신이 책을 가까이하지 않는 것을 합리화하는 데 자주 사용된다.

누구나 연속적인 시간을 갖기 점점 힘들어지는 상황에 있다. 이미 이런 현상은 일반화되고 있다. 앞으로는 더욱더 어떤 일에 집중할 수 있는 시간이 줄어들 것이다. 커뮤니케이션이 거의 실시간으로 이루어짐으로써 사람들이 특정 주제에 대해 깊이 생각하거나 시간을 들일 수 있는 가능성이 점점 낮아지고 있다.

얼마 전에 '방송과 통신의 융합'에 대한 세미나 중계를 텔레비전으로 본 적이 있다. 한 연구원의 발표에 의하면 10대의 경우 하루 평균 문자 메시지로 정보를 주고받는 횟수가 35회 가량 된다고 한다. 반면에 40대의 경우는 1.5회에 불과하였다. 주고

받는 정보 하나하나는 일정한 방해(interuption)를 일으키게 된다. 누구나 과거와 비교할 수 없을 정도로 '서고 가는(stop and go)' 일을 반복하면서 살아가는 환경에 놓이게 되었다.

특히 글쓰기나 기획 같은 창의적인 활동은 연속적인 시간이 필요하다. 지금 여러분이 읽고 있는 이 책의 경우는 일정한 연속 시간을 확보하지 못하면 쓸 수가 없다. 두뇌 속에 일정한 아이디어의 '플로우(flow)'를 만들어가면서 글을 써가야 하는데 '서고 가는 일이' 반복되다 보면 도저히 글을 쓸 수가 없다. 마찬가지로 고도의 지적 활동을 요구하는 활동들은 대부분 연속적인 시간이 필요하다.

하지만 세상은 변화하고 말았다. 이런 시간대를 확보하기란 정말 어려워졌다. 그래서 나는 앞으로 지식 근로자들의 생산성은 집중적으로 일을 처리할 수 있는 연속적인 시간을 어느 정도 확보하느냐에 따라 크게 좌우될 것으로 본다. 개인적인 차원에서, 조직적인 차원에서 연속적인 시간을 확보하기 위해 다양한 노력들이 이루어질 것이다. 그러나 정보량은 폭주하고, 업무 강도는 높아지며, 개인이 다룰 수 있는 통신기기는 점점 발달하기 때문에 집중적인 시간을 확보하기 어려워지는 트렌드 자체를 막을 수는 없을 것이다.

나는 항상 **빡빡한** 스케줄에 따라 시간을 나누어서 사용해야 한다. 강연을 하고, 강연 준비를 하고, 틈틈이 시간을 쪼개 책도 쓰고, 기고도 하고, 글도 읽어야 한다. 그래서 연속적인 시간을 확보하는 데 비상한 노력을 기울이고 있다. 하지만 낮 시간 동안 연속적인 시간을 확보하는 일은 점점 어려워지고 있다. 특히 핸드폰과 메신저가 대중화되면서 이와 같은 현상은 아주 자연스러워졌다.

여러분은 새로운 환경에 적응할 필요가 있다. '연속적인 시간이 있어야 책을 읽을 수 있다'는 고정관념을 버리면, 문제는 간단하게 해결될 수 있다. 실제로 이런 고정관념은 알게 모르게 우리들의 의식에 튼튼히 뿌리 내리고 있다.

예전에 책읽기란 공부와 동의어로 받아들여졌기 때문에 의관을 정제하고 책상에 바른 자세로 앉아서 읽곤 했다. 실학파였던 담헌 홍대용(1731~1783)의 《자경설(自警說)》에 나오는 공부에 대한 이야기를 들어보자. 이는 엄숙함이란 한 단어로 요약할 수 있다.

정숙하게 앉는 것은 공부할 때 가장 중요한 것이다. 반드시 옷을 깨끗이 입고 자세를 엄숙히 한다. 선가(禪家)에서 눈 감는 것을 가장 꺼려하는 것은 아마 정신이 혼미해지면 졸음이 올까 염려를 한 모양인데, 또한 의미가 있는 듯하다. 코끝을 내려다보면서 망령스럽게 움직이지 않는 것도 좋은 방법이다. 두 손을 모으고 사당에 있을 때처럼, 엄한 아버지를 대할 때처럼 한다면 고요하되 마음이 혼미하지 않을 것이다. 마음이 움직일 때에는 그 생각이 어떠한가를 살펴서 알맞지 않으면 막아버리고, 알맞으면 따라 행하되 그 도를 이미 다했다면 예전처럼 고요할 것이다.

하지만 이제는 독서가 엄숙함과 동의어가 될 수 없다. 한 자리에 지그시 앉아서 책을 읽을 수 있는 환경을 가진 사람들은 거의 없다. 이제 독서는 언제, 어디서나 틈틈이 하는 활동이어야 한다. 오히려 이렇게 하는 것이 정상이다. 이처럼 생각을 바꾸면 오히려 연속적인 시간을 내서 책읽기를 해야 한다는 믿음이 이상하게 보이게 된다.

나의 경험이 여러분들에게 도움이 될 수 있을 것이다. 나의 생활은 시간이 갈수록 점점 바빠지고 있다. 이런 분주함 속에서 어떻게 독서를 할 수 있을까를 고민하지 않을 수 없다. 몇 해 전만 하더라도 책상에 앉아서 글을 읽을 때도 꽤 있었다. 그러나 이제는 아주 드물다. 대부분의 글을 이동하면서, 혹은 막간의 시간에 읽는다. 지하철, 렌터카, 비행기, 기차 등 어떤 곳에서든 5분, 10분, 20분이라는 시간은 집중적으로 책을 읽을 수 있는 유용한 시간이다.

그래서 나는 이제 '자투리 시간' 이란 용어를 사용하지 않으려고 한다. 왜냐하면 보통 사람들이 자투리 시간이라고 말하는 시간대야말로 정상적으로 책을 읽을 수 있는 시간이라는 확신이 크기 때문이다. 식사를 기다리면서, 때로는 강연을 기다리면서 나는 책을 읽는다. 여러분의 생활을 찬찬히 둘러보라. 하루에도 수없이 기다리는 시간들이 있을 것이다. 그 시간대를 잘 조직화해서 여러분의 것으로 만들어보라.

말하자면 이제는 책을 읽을 수 있는 정상 시간이 '연속적인' 시간에서 '자투리' 시간으로 옮겨갔음을 뜻한다. 나는 그런 시간을 가능한 한 찾아내기 위해 여전히 노력하고 있다. 요즘 크게 재미를 보고 있는 방법이 또 한 가지 있다. 이렇게 책이나 기고와 관련된 글을 쓸 때, 중간 중간의 시간을 사용할 수 있다. 마치 오페라의 1막과 2막 사이에 잠시 휴식시간이 있는 것처럼 하나의 프로젝트가 마무리되고 나면 다음 프로젝트로 이동하기 이전에 5분, 혹은 10분 정도를 컴퓨터 앞에서 보내거나 잠시 실내를 걸으면서 보낼 수 있다. 이런 시간에 글을 읽으면 좋다. 하나하나의 프로젝트는 대개 1시간 전후의 시간이 걸리기 때문에 1시간과 1시간 사이에 막간의 시간은 고작해야 5분이나 10분 정도이다. 하지만 이 시간대에 책을 읽는 일은 대단히 효과적이다. 두뇌의 모드(mode)를 잠시라도 완전히 변환시킬 수 있기 때문에 책읽기의 효과를 높일 수 있을 뿐만 아니라 진행중인 글쓰기에도 휴식과 아울러 강한 자극을 줄 수 있다.

세상이 바뀌면 사람도 변화해야 한다. 집중적인 시간을 더 이상 확보할 수 없는 시대가 전개되면, 이에 맞추어서 우리 자신도 바뀌어야 한다. 이처럼 원칙을 제외하고는 모든 것을 시대의 변화에 따라 변화시킬 수 있다. 여러분이 독서하는 시간을 마련하는 데도 발상의 전환이 필요하다.

◢ **실용독서는 언제, 어디서나 틈틈히 하는 활동이다.**

06 | 관점을 바꾸어보라

'너무 바빠서 책을 읽을 만한 시간이 없다'고 한탄하는 사람들을 만날 때가 많다. 그래도 지금은 괜찮은 편이다. 우리들이 살아가는 사회는 여전히 시간 낭비를 상당히 인정하는 체제이기 때문이다. 하지만 앞으로는 시간의 중요성은 날로 증가할 것이다. 그러므로 지금 시간이 확보되지 않아 책을 읽을 수 없다고 생각하는 사람들이 앞으로 독서 시간을 확보하는 일은 더욱더 어려워질 것이다. 그토록 간절히 바라는 한가한 시간은 현역에서 은퇴하기 이전에는 오지 않을 것이기 때문이다.

그런데 한가한 시간에 대한 여러분들의 관점을 바꾸어보면 어떨까? 비즈니스맨들은 항상 바쁘기 때문에 무엇을 할 수 없다는 생각을 가지고 생활한다. 그래서 '내게 한가한 시간이 주어지면, 이것도 하고 저것도 할 수 있을 텐데'와 같은 막연한 말을 한다. 이는 자신에게 위안을 주기 위한 일종의 '자기 기만(self-deception)'에 해당한다. 그렇게라도 생각해야 책읽기를 제대로 못하는 이유들을 내세울 수 있는 것이다. 그래야 자신을 합리화할 수 있고 편안하게 잠자리에 들 수 있는 것이다. 하지만 그런 여유로운 순간은 결코 오지 않을 것이다. 설령 온다고 하더라도 책읽기에 여유 시간을 쓰지 않을 것이다. 그러므로 시간적 여유가 없다는 말은 그냥 해보는 소리에 지나지 않는다.

나의 경험에 의하면 진짜 책읽기의 묘미는 바쁜 와중에 틈틈이 시간을 쪼개서 읽는 것이다. 아마도 은퇴를 하고 나면 절대적으로 시간적 여유는 많을 것이다. 하지만 막상 은퇴를 하게 되면 삶의 긴장감은 사라지고, 책읽기에 대한 팽팽한 욕구도 함께 줄어들게 된다. 아마도 그때 읽을 수 있는 책과 지금 읽는 책과는 장르적으로도 크게 차이가 날 것이다.

왜 책을 읽는가? 즐거움, 유쾌함 등 여러 가지 이유가 있겠지만, 실용적인 이익을 무시할 수 없다. 때문에 현역을 떠난다는 것은 책읽기에 대한 내면의 수요도 줄어드는 것을 의미한다. 그래서 훗날 '무한정의 시간을 가질 수 있게 되면'이란 표현은 별로 의미가 없다.

현장을 뛰면서 자신이 추구하는 목표를 달성하기 위해 혼신의 힘을 다하는 가운데 지식 욕구도 생겨난다. 이것의 원리는 무엇일까? 이 문제를 어떻게 해결해야 할까? 이런 궁리를 거듭하는 가운데 지적 욕구도 새록새록 돋아난다. 한가한 시간에 대한 환상을 갖지 말고 빡빡하게 돌아가는 삶 자체를 정상적으로 받아들이면 된다. 그 속에서 틈새를 찾아 독서에 시간을 배정하면 된다.

우리들은 지금 시간을 어떻게 사용하고 있을까? 시간을 낭비하고 있지는 않은가 하는 의문을 가진 사람들이라면, 시간에 대한 조지 길더의 통찰력을 귀담아 들어둘 필요가 있다.

"오늘날의 경제 활동은 대부분 여전히 옛날의 규칙을 따르고 있다. 우리는 당연한 듯이 고객의 시간을 흥청망청 사용한다. 소비자는 은행, 식료품 가게, 부동산 중계 사무실, 증권회사, 도서관, 소프트웨어 가게, 시청, 학교 등으로 차를 타고 가야 한다 ……. 종합하면 미국 시민들은 매년 약 70억 시간을 정부에서 요구하는 서류를 작성하는 데 소비한다. 온 경제가 일상적으로 시간을 낭비하는 절차와 구조로 짜여 있는 것이 엄연한 현실이다. 고객의 수명이 결정적으로 희소한 자원이며, 사실상 정보, 경제의 가장 귀한 자원이라는 개념을 미국의 많은 주요 기업과 정부 기관에서 받아들이지 않았다고만 해두자. 해외 국가들은 말할 것도 없다.

텔레코즘(편집자 주: 무한한 영역인 전자기 스펙트럼을 활용하는 범세계적 통신망)은 이러한 시대가 끝났음을 알린다. 구시대의 시체는 앞으로 10여 년 동안 집 근처에 남아 악취를 풍길 것이다. 수백만 명에 이르는 사람들은 계속해 그것을 부와 행복의 원천으로 생각하겠지만, 구시대는 1865년 노예제도가 죽은 것과 마찬가지로 죽었다.

산업화 시대의 풍족한 재화와 자원 낭비 탓에 공해가 심각한 문제로 등장했을 때에야 비로소 공기와 물이 대중의 의식과 회계 장부에 중요한 요소로 받아들여졌다. 마찬가지로 물질적인 풍요가 당연한 것으로 받아들여지는 시점에 와서야 시간은 고객의 가장 귀한 자원으로 인식되고 있다……. 풍요의 시대에는 인간의 수명–곧 시간–이 결정적인 희소 자원이며, 이러한 관점에서 정부의 정책, 기업과 상품의 가치가 평가된다."

여러분은 여러분의 시간을 소리 소문도 없이 빼앗아가는 것이 무엇인지 철저히 찾아내야 한다. 여전히 가장 많은 시간을 낭비하는 것은 텔레비전이다. 사회적 교제란 명분으로 갖는 잦은 술자리도 시간 낭비의 한 가지 요소이다. 시간을 대하는 여러분의 관점을 바꾸어보라. '한가한 시간이 있으면' 이라는 표현은 사라질 것이다.

↘ **빡빡한 일상에서 틈새를 찾아 독서에 시간을 배정하라.**

07 | 가볍게 대하라

앤 패디먼의 《서재 결혼 시키기》란 책에는 책을 사랑하는 방법에 대한 재미있는 에피소드가 소개되어 있다.

내가 열한 살, 오빠가 열세 살 때 부모님은 우리를 데리고 유럽에 가셨다. 오빠 킴은 글을 읽게 된 후로 거의 매일밤 그랬듯이 코펜하겐의 앙글레테르 호텔에서도 침대 밑 탁자에 책을 펼친 채 엎어놓았다. 다음날 오후 방에 돌아와 보니 책이 닫혀 있고, 책갈피에 종이가 끼워져 있었다. 그리고 청소부가 서명한 메모가 표지 위에 놓여 있었다.

'손님, 책을 절대로 그렇게 다루지 마세요.'

오빠는 어리벙벙했다. 학교 기숙사에서도 나무 노에 맞을 각오를 하고 매일밤 소등 뒤에 이불 속에 들어가 손전등 빛으로 책을 읽을 정도로 헌신적인 독자인 오빠가 책을 사랑하지 않는 사람으로 낙인찍히는 일이 어떻게 일어날 수 있단 말인가? 나도 오빠의 굴욕감을 이해했다. 나는 패디면 가족보다 책을 더 숭배하는 가족을 상상할 수 없었다. 그러나 텐마크 호텔 청소부의 눈으로 볼 때 우리는 어머니만 빼면 모두 광포한 책 학대자라는 죄목을 벗어날 수 없었다.

이후 30년 동안 나는 사람을 사랑하는 방법이 하나가 아니듯 책을 사랑하는 방법도 하나가 아님을 깨닫게 되었다. 그 청소부는 여인을 예의 바르게 떠받드는 궁정식 사랑의 신봉자였다. 그녀에게는 책의 물리적 자아가 신성불가침이었으며, 그 형식은 내용과 분리될 수 없었다.

사람마다 여인을 사랑하는 방법이 다르듯이, 사람마다 책을 사랑하는 방법도 다를 수 있다. 어떤 방법이 올바른가? 호텔 청소부가 책을 대하듯이 책의 형식을 경건하게 대하는 것도 어느 정도 의미가 있을 것이다.

하지만 이런 경우 책의 내용까지도 지나치게 진지한 마음가짐과 자세로 대하게 될 가능성이 높아진다. 이렇게 되면 책을 읽는 행위가 큰마음을 먹은 다음에 행하게 되는 일종의 의식이 되어 자연히 책을 멀리하게 된다.

책이란 어떤 사람의 생각, 의견, 믿음, 혹은 객관적인 사실이나 정보를 담은 용기 정도로 가볍게 생각하는 것이 좋다. 마치 각양각색의 음료수를 마실 때, 그 용기를 신주단지 모시듯이 하지 않는 것처럼 책도 다양한 컨텐츠를 포함한 용기 정도로 생각하면 된다. 이렇게 대하다 보면 '캐주얼'하게 책을 대할 수 있고, 항상 가까이 할 수 있다.

한때 바이런은 책을 사랑하는 방법에 있어 자신의 방식을 이렇게 이야기한 적이 있다. "나는 그 책들의 상태에 대해서는 전혀 신경을 쓰지 않았어요. 내가 원하는 것을 얻기 위해 밑줄도 긋고, 여백에 메모를 하기도 하고, 뜯어내기도 하고, 떨어뜨리기도 하고, 갈가리 찢기도 하고, 또 공개적으로 말하기 뭣한 짓을 하기도 했지요."

책이란 용기를 지나치게 진지하게 대하지 않는 것이 좋다. 조금 건방지게(?) 책을 대하는 것도 필요하다. 1만 원이나 2만 원 정도의 돈을 지불하였기 때문에, 여러분은 그것에 대한 완전한 소유권을 갖게 되었다. 다른 상품과 마찬가지로 그것을 어떻게 대하든 여러분의 자유이다.

그래서 나는 항상 '작가의 노고(老苦)와 내용은 존중해야 하지만, 결코 그의 권위에 주눅 들지 않는다'라는 생각을 가지고 독서를 한다. 그래서 작가가 오랫동안 심혈을 기울여 쓴 묵직한 분량의 인문서에 대해서나 빠르게 쓰여진 얇은 분량의 실용서에 대해서나 아무런 편견을 갖지 않는다. 그저 내가 경제적인 여유가 있기 때문에 합당한 가격을 지불하고, 그것에 상응하는 컨텐츠를 흡수하는 것으로 충분하다고 생각한다.

필자처럼 책을 자주 내는 사람에겐 책이란 만만하게 대할 수 있는 대상이지만, 일반 독자들이 처음부터 그런 자세로 독서를 대하기란 쉽지 않다. 책이란 다른 상품과 다른 묘한 경건함이 느껴지는 때가 있다. 하지만 이런 저런 책을 가까이 하면서 의식적으로 노력하다 보면 책이란 도구적인 의미 이상을 갖지 않는다는 사실을 깨닫게 된다.

나는 책을 집필하는 이 순간에도 수십 권의 책을 연구실 바닥 이곳저곳에 쫙 펼쳐놓고 있다. 책이 상할까 봐 조심스럽게 다루는 일은 나와 거리가 먼 이야기다. 내가 책을 사랑하는 방법은 언제라도 손쉽게 읽을 수 있고, 읽었던 부분을 필요할 때 신속하게 활용할 수 있도록 하는 정도이다.

글쓴이가 얼마나 훌륭한가, 얼마나 높은 직위에 있는가, 얼마나 오랜 세월 공부를 하였는가는 아무런 의미가 없다. 나는 내가 그것들은 살 만한 여유가 있다는 사실을 훨씬 더 높게 평가한다.

책들을 판단함에 있어서도 그것이 나에게 어떤 부가가치를 제공하는가를 기준으로 삼는다. 그 외에 어떤 것도 나는 참고로 하지 않는다.

작가들은 부를 얻기 위해, 때로는 내용의 질이 약간 떨어질 경우에도 명성을 얻기 위해 책을 시장에 내놓는다. 그러나 이 역시 내가 기꺼이 돈을 지불하고 사지 않는다면 아무런 소용이 없다. 내가 책을 대하는 태도란 '소비자는 언제나 왕이다'라는 사고방식을 전제로 하고 있다.

↘ **작가의 노고는 존중해야 하지만 권위에 주눅들 필요는 없다.**

08 │ 뽑아서 읽으라

'착실히, 그리고 성실히.' 어린 시절부터 귀에 못이 박이도록 반복해서 들은 말이다. 모든 일은 착실하고 성실히 해야 한다. 그럼에도 불구하고 나는 실용서 읽기에서는 이 같은 원칙을 지키지 않을 때가 많다. 이따금 실용서 읽을 때의 나는 '모범생'이 아니라 다소 '건방지고 껄렁한' 학생이라는 생각이 들 때가 많다. 왜냐하면 책을 처음부터 마지막까지 한 장 한 장 넘겨가면서 착실히 읽지 않기 때문이다.

많은 사람들이 책을 가까이할 수 없는 이유는 무엇일까? 몇 가지 습관만 제대로 익혀도 상당한 효과를 거둘 수 있는데 말이다. 그런데 책이 멀리하는 이유 가운데 한 가지는 바로 책을 처음부터 끝까지 착실히 읽어야 한다는 믿음이다. 그런데 이 같은 믿음은 워낙 오랫동안 차곡차곡 쌓여온 것이기 때문에 말처럼 그냥 쉽게 버리기 어려운 독서 습관 가운데 하나이다.

만약 여러분이 '착실히, 그리고 성실히'라는 오랜 지혜를 실용서 읽기에도 그대로 적용하기 원한다면, 책을 가까이할 가능성은 거의 없다. 여러분이 어떤 책을 손에 들더라도 처음부터 끝까지 읽어 내려갈 만큼 넉넉한 시간을 확보하기 어렵기 때문이다.

무엇보다 여러분이 접하는 실용서의 대부분은 필요한 부분만을 선택해 읽는 행위가 지극히 정상적인 일이라는 믿음을 갖기 바란다. 그러므로 골라 읽는 행위 자체에 대해 어떤 선입견을 가질 필요가 없다. 무엇보다도 이 책의 독자들은 대부분 무척 바쁘게 사는 사람들일 것이다. 여러분이 책을 읽는 목적은 책 속에서 얻은 지식을 신속하게 활용하기 위해서일 것이다. 때문에 그것이 책이든, 신문이든, 잡지든 간에 신속하게 자신이 원하는 정보를 취득하는 기술을 익혀두어야 한다.

그렇다고 해서 소설류의 책까지 뽑아서 읽을 수는 없는 일이다. 소설이 가진 매력이나 실용성, 즉 지적 상상력을 고양시키거나, 다양한 삶의 방식을 체험하려면 처음부터 끝까지 끈기 있게 읽어나가는 도리밖에 없다. 그래서 나는 소설을 고를 때는 무척 신중해진다. 내 기준으로 볼 때 상당한 시간을 투자해야 하기 때문이다.

그러면 나는 책을 어떻게 읽고 있는가? 먼저 책 겉표지와 날개에 실린 내용을 읽는다. 이따금 다소 현란하고 과장된 표현이 들어 있긴 하지만, 편집자들이 독자들의 시선을 끌기 위해 가장 심혈을 기울이는 문장들이 여기에 실린다. 어떻게든 독자에게 책을 팔고 싶은 편집자들의 열망을 고려하면 조금은 할인해서 내용을 받아들여도 무리가 없다. 그러므로 겉표지와 날개에 실린 내용을 읽으면서 여러분의 머리 속에 상상의 나래를 펼쳐보라.

그 다음에는 주로 책의 겉표지 앞날개에 실려 있는 저자 소개를 대충 살펴보라. 아마도 여러분들이 다독가가 되면 저자에 대한 신용만으로도 그 책에 점수를 듬뿍 주게 되는 경우가 많을 것이다. 경영서라면 피터 드러커, 짐 콜린스, 스탠 데이비스, 톰 피터스 같은 저자들이 상품 가치가 있는 편이다. 이들은 웬만해서 독자들을 실망시키지 않는다. 그들은 자신의 명성을 유지하기 위해 책의 품질 관리에 열심을 기울인다. 그러나 저자를 전적으로 신뢰해서는 안 된다.

《국가의 일》이나 《부유한 노예》 같은 우수 작품을 발표했던 로버트 라이시는 최근 《미래를 위한 약속》이라는 에세이 모음집으로 독자들을 실망시키기도 했다. 필자처럼 책을 전문으로 쓰는 사람들은 애교로 봐줄 수 있지만, 그의 책에 진한 감동을 받아왔던 독자라면 《미래를 위한 약속》은 실망감을 안겨주었을 것이다.

아무튼 겉표지와 날개에 실린 내용을 보는 데는 2~3분 정도면 충분할 것이다. 그 다음에는 서문을 읽어야 한다. 책을 쓰는 저자의 입장에서 서문에 정성을 들이게 마련이다. 독자에게 충분한 시간이 없다는 사실을 작가들은 잘 알고 있기 때문이다. 서문에서 고객들의 시선을 사로잡기 위해 쏟는 정성과 에너지의 양은 본문에 쏟는 것에 비해 훨씬 많을 것이다. 서문을 읽어보면서 저자가 여러분이 선택한 책에 어떤 내용을 담고 있는지, 어떤 주장을 펼치고 싶어하는지 파악해 보라.

그 다음에는 목차를 살펴볼 차례다. 목차에는 3~4개 정도의 큰 주제와 각 주제별로 여러 개의 작은 주제들이 들어 있다. 우선 개울가의 징검다리를 뛰어넘듯 큰 주제를 가볍게 확인하라. 그 다음에 큰 부담을 갖지 말고 '도대체 저자는 이 책에 어떤 내용물을 담았는가?' 라는 질문과 함께 건성건성 작은 주제들을 훑어보라. 지나치게 꼼꼼하게 읽다 보면 다음 장으로 넘어갈 수 없으므로 대충 넘어가라. 이렇게 하고 나면 여러분들은 이 책에 어떤 내용들이 들어 있는지 추측할 수 있게 된다.

책의 본문 가운데 저자가 상대적으로 정성을 많이 들이는 부분은 첫 부분과 마지막 부분이다. 첫 부분은 책의 전체 내용과 핵심 메시지를 포함하고 있는 경우가 많다. 그래서 나는 책을 읽기 시작할 때 책의 1장, 혹은 프롤로그 부분을 먼저 읽어나간다.

그런 다음에는 결론이나 에필로그 부분을 반드시 읽는다. 마지막 부분에는 아주 실용적인 지식들이 들어 있는 경우가 많다. 이를 테면 저자들은 본문에서 객관적인 사실이나 자신의 의견을 드러내는 반면, 결론 부분에서는 자신이 내린 결론이 어떻게 실용 가능한가에 대한 제언을 담고 있다. 그래서 결론 부분을 읽으면서 이런 저런 정보를 얻게 되면 '이렇게 활용할 수 있겠구나.' 하고 생각을 다듬을 때가 많다.

그 다음에는 본문을 공략할 차례다. 다시 한 번 목차를 펼쳐보라. 목차 가운데 눈길을 확 끄는 부분이 있다면 거기에 빨간색 펜으로 동그라미를 치거나 밑줄을 선명하게 그어라. 그런 다음 그 부분을 중심으로 책읽기를 시작하면 된다. 미지의 세계에서, 무지와의 전쟁에서 일종의 교두보를 확보하는 전쟁을 치루고 있다고 생각하면 된다. 몇 부분만을 집중적으로 파고들어 교두보를 확보하면 전쟁에서 승리할 수 있다는 확신이 들 것이다.

그 다음 과제는 여러분에게 맡긴다. 여기까지 진행하면서 '이 책은 정말 대단하구나' 라는 판단이 서게 되면, 여러분은 여지없이 금싸라기 같은 시간을 투자하기로 결정할 것이다. 만일 그렇지 않다고 판단하면 한시라도 빨리 철수 명령을 내리면 된다. 본전 생각에 연연한 나머지 미적미적할 필요는 없다. 별로 남는 게 없는 독서라고 판단하면 미련을 두지 말고 떠나라.

여러분들이 온라인 서점을 통해서 책을 구입한다면, 온라인 서점의 책 소개를 제대로 이용하는 것도 도움이 될 것이다. 예스24, 교보문고, 굿모닝365나 알라딘 등의 책 소개는 대개 언론사 기자들을 위한 보도자료를 바탕으로 쓰여지게 된다. 책을 만든 편집자는 최종 단계에서 어떻게 하면 기자들이 새로 출간된 책에 대해 호감을 가지도록 만들까를 두고 고심에 고심을 거듭한다. 마치 작가가 서문에 신경을 쓰듯이 편집자는 보도자료를 작성하는 데 정성을 다한다. 정해진 공간에 책의 핵심 메시지를 담은 정보를 여러분들은 적극적으로 활용할 수 있다. 짧은 시간 안에 책의 핵심을 파악하는 데 큰 도움이 될 것이다.

최근 내가 경험한 두 가지 사례를 들어보기로 하겠다. 조지 길더의 저서인 《텔레코즘》은 무려 460페이지나 된다. 게다가 두꺼운 종이를 사용한 탓에 묵직한 장서용 책으로 여겨져 초심자를 주눅들게 한다. 필자 같은 베테랑 독서가에게도 부담감을 주기에 충분한 책이기에, 보통 사람들에게는 엄두가 나지 않을 수도 있는 책이다. 이때 심리적인 압박감에 그다지 흔들릴 필요는 없다.

첫 장에 '텔레코즘(telecosm). 컴퓨터의 시대는 끝났다. 이제 그 자리에 텔레코즘의 세상이 있다'라는 문장이 뚜렷하게 인쇄되어 있다. 단 두 문장만으로 이 책이 어떤 책인지를 대충 추측할 수 있다. 그 다음에 책 뒷면을 보면 이런 문장들이 나온다.

"《마이크로코즘(Microcosm)》에서 '마이크로칩의 시대'라고 지칭한 컴퓨터 시대는 이제 종말을 맞이하고 있다. 컴퓨터 시대가 실패했거나 그 소임을 다했기 때문이 아니라, 마이크로코즘 자체가 새로운 시대를 잉태했기 때문이다. 컴퓨터 시대보다 훨씬 더 철저하게 정치, 경제, 문화를 변모하게 할 새로운 기술을 끌어낼 새로운 시대를 말이다.

정보를 처리하고 창조하는 컴퓨터의 능력을 훨씬 능가하는 다른 테크놀로지의 힘 앞에 컴퓨터 시대는 저물고 있다. 그것은 바로 통신으로서, 컴퓨터보다 우리에게 더 필수불가결한 요소다. 통신은 개개인, 가족, 일, 국가 세계를 잇는 방법이다.

새로운 통신 기술이 만들어내는 세계인 텔레코즘을 통해, 인간은 전세계적인 규모로, 무한대 용량을, 최저 비용만 들이고 소통할 수 있게 될 것이다.”

460페이지나 되는 두꺼운 분량 가운데 편집자는 가장 핵심적인 부분을 뽑아서 친절하게 책 뒷면에 정리해 놓았다. 이 부분을 읽기만 하더라도, 여러분은 이 책의 핵심적인 메시지를 간파할 수 있다. 여기에다 한국어판 서문, 서문, 목차, 그리고 1장을 더하게 되면 좀더 잘 이 책의 내용을 머리 속에 정리할 수 있을 것이다.

앞에서 이미 이야기한 바와 같이, 401페이지부터 시작되는 5부 ‘빛의 의미’에서 실제로 이 책의 내용을 활용할 수 있는 실질적인 메시지가 제시된다. 텔레코즘이 주는 기업, 가계, 개인, 국가에 대한 시사점을 정리할 수 있다. 여러분은 자신을 중심으로 텔레코즘이 주는 의미를 파악할 수 있게 될 것이다. 그 다음에 본론을 읽는 문제는 여러분의 이용 가능한 시간, 필요, 욕구 등에 의해서 판단하면 된다.

◥ **필요한 부분만을 선택해 읽는 훈련을 한다.**

09 | 전모를 파악하고 시작하라

숲 속에서 길을 잃는 경우가 있듯이 독서를 할 때도 비슷한 일이 자주 일어난다. 여러분이 본문을 읽을 때는 처음부터 꼼꼼하게 하나하나 챙기면서 읽지 않기를 바란다. 그러니까 본문을 공략할 때는 두 단계에 걸쳐서 책을 독파하는 것이 좋다.

첫째 단계: 특정 부문에 머물지 않고 전체를 '가볍게 훑어버린다.'

둘째 단계: 세부적인 정보나 부문에 집중하는 전통적인 독서법을 사용한다.

어떤 책이든지 우선 본문을 '가볍게 훑어버린다'는 것은 책을 '읽는다'는 의미보다는 책을 '바라본다' 혹은 책을 '확인한다'는 의미에 가깝다. 나는 첫째 단계를 통해 반드시 정독해야 할 만한 가치가 있는 책, 대충 읽고 말 책, 그리고 제목과 키워드를 훑는 것으로 충분한 책으로 나눈다. 그러니까 첫째 단계에서 손에 든 책에 대해 판결을 내리게 되는 셈이다.

또한 첫째 단계에서 나는 책이 갖고 있는 정보 가운데 상당 분량을 적은 시간 비용을 들여서 흡수한다. 많은 사람들은 책을 꼼꼼히 읽어야만 필요한 정보를 얻을 수 있다고 생각한다. 하지만 책을 바라보거나 확인하는 과정을 통해서도 책으로부터 어느 정도의 정보를 뽑아낼 수 있다.

이때 나는 독서의 시간 단위당 투자 효율성이란 관점에서 접근한다. 어떤 책이 반드시 정독해야 할 만한 가치가 없다고 판단하면, 읽기보다는 책을 훑어가면서 필요한 부분만을 찾아내 이용하는 것이다.

여러분 가운데는 훑어보기만 하면서 어떻게 필요한 부분을 찾아낼 수 있는지 궁금하게 여기는 분도 있을 것이다. 그렇게 하려면 어느 정도의 숙련 기간이 필요하다. 물론 훑어가면서 필요한 정보를 뽑을 수 있는 능력은 독서량에 정비례한다고 할 수 있다. 그러나 이런 능력은 그냥 만들어지는 것이 아니라 책을 훑어가면서 읽는 습관을 반복하면서 체득하게 된다.

천천히 한 장 한 장 페이지를 넘기면서 왼쪽 페이지의 윗부분에서부터 시작해 아래로, 그리고 오른쪽 페이지의 윗부분으로 시선을 옮기는 방식으로 장의 제목이나 소주제의 제목, 즉 키워드 중심의 확인 작업을 해보라. 아마도 여러분들은 책이란 바라보는 것만으로 두뇌 속에 정보를 입력할 수 있다는 사실을 체험할 수 있게 될 것이다. 대충 훑어볼 때 두뇌와 안구에서 어떤 일들이 일어나는지에 대해선 다치바나 다카시의 이야기를 들어보는 것이 좋겠다.

"사실, 인간이 무엇인가를 제대로 읽기 위해서는 망막 중심에 있는 황반의 중심와라는 극도로 미세한 부분에 초점을 맞추어야 한다. 이 부분(중추 시야)에만 정밀하게 사물을 볼 수 있는 원추세포가 집중적으로 존재하며, 그 주변부(주변 시야)에는 감도가 훨씬 떨어지는 간상세포만 있기 때문이다. 원추세포는 감도는 좋지만 수가 적다. 약 600만 개뿐으로, 1억 2,000만 개를 가지고 있는 간성세포의 5퍼센트에 지나지 않는다. 대충 훑어볼 때 문자를 읽는 작업은 물론 원추세포가 중심 활동을 담당하지만, 그 사이에 나머지 95퍼센트의 간상세포가 놀고 있는 것은 아니다.

나름대로 주변의 고단위의 정보를 뇌에 보내고 있으며, 그것이 뇌의 인지과정에 중요한 역할을 하고 있다는 사실이 여러 가지 실험을 통해 밝혀졌다(주변 시야를 일부러 방해하면, 보고 있는 것의 의미를 파악할 수 없게 되어 빨리 읽지 못하게 된다). 그러므로 깊이 있게 의미를 파악할 수는 없더라도, 어쨌든 한번 훑어보는 행위로 인해 의식하지 못하고 있는 사이에 많은 정보가 자동적으로 입력되고 있는 셈이다(원추세포로 책 한 줄을 읽을 때, 사실은 간상세포를 활용하여 몇 줄을 한꺼번에 훑어보고 있다는 사실이 실험을 통해 확인되었다)."

두 번째 단계는 전통적인 책읽기에 해당한다. 책을 읽을 때마다 나 스스로가 도서관의 책꽂이에 여러 종류의 책을 꽂고 있는 사람이라는 생각을 하게 될 때가 많다. 다시 말하면 한 권의 책 가운데 여러 개의 장으로 이루어진 내용은 각각 한 권의 책에 해당한다고 볼 수 있다.

책 속에서 특정 부분을 읽을 때도 해당 내용이 전체적인 틀 속에서 어느 부분에 해당하는지를 인지한 상태에서 독서를 하는 것이 효과적이다.

이를 위해 이따금 목차를 확인하는 일도 도움이 될 것이다. 일단 본문을 읽기 시작하면, 책의 프레임워, 그러니까 전체 구조를 두뇌의 한켠에 대기시켜 두어야 한다. 그 틀 속에서 현재의 내용을 읽게 되면 훨씬 쉽게 이해할 수 있게 된다.

실용 정보를 정리 정돈해 둔 책의 경우, 여러분은 그다지 고민할 필요가 없다. 그러나 이야기체의 글들, 예를 들어 자서전이나 역사책, 그리고 내용이 난해한 책들의 경우 '어디쯤 가고 있을까?'를 확실히 하면서 읽는 일이 필요하다.

예를 들어 김명섭 교수의 대작 《대서양문명사》는 무려 760페이지나 되는 책이다. 대서양을 둘러싼 서구 열강들의 각축을 모두 9개 장에 나누어서 펼쳐보이고 있다. 부분에 집착하면서 읽다 보면 이따금 어디쯤 가고 있는지 잃어버릴 때가 있다. 읽을 부분을 다시 한 번 확인하기 위해, 그리고 읽은 정보와 지식을 체계화하기 위해서라도 전체 틀 속에서 현재 위치를 수시로 염두에 두고 독서를 하는 것이 중요하다.

↘ **특정 내용이 전체적인 맥락에서 어디에 해당하는지 체크한다.**

IO | 마크업을 적극적으로 활용하라

나의 눈을 스쳐간 정보는 어떻게든지 활용되어야 한다고 생각한다. 하루에도 수많은 정보들이 두뇌 속에 흘러 들어가고 있다는 것을 생각하면, 어떤 특별한 방법이 있어야 한다고 생각한다. 나는 책에서 포착한 정보를 두뇌 속에 의도적으로 입력하는 방법을 사용하고 있다.

우선 나는 푸른색, 검정색, 초록색과 함께 대개 붉은 펜을 많이 사용하여 책에 표시를 하는 습관을 들이고 있다. 대부분 플러스펜처럼 가는 펜을 사용하지만, 이따금 사인펜처럼 두꺼운 펜을 사용할 때도 있다. 붉은색일수록, 두꺼운 펜일수록 훨씬 선명한 인상을 남긴다는 사실을 알기 때문에 그런 필기도구를 자주 사용한다. 그래서 나의 양복주머니 상위에는 항상 3~4개 정도의 컬러펜이 들어 있다. 언제, 어디서나 사용할 수 있도록 말이다.

일단 중요한 정보거나, 가치 있다고 생각하는 정보는 절대로 놓치지 않는다. 중요한 문장들에 밑줄을 긋는다. 중요한 키워드는 동그라미로 표시해 둔다. 동그라미는 상상 이상의 가치가 있다. 예를 들어 여러분들이 특정 정보를 몇 달 전에 보았다고 하자. 그런데 새벽에 어떤 프로젝트와 관련해서 기획을 하다가 그 책이 떠오르고, 그때 보았던 정보가 어렴풋이 의식세계에 고개를 내미는 경우가 있다. 이때 과연 그 정보를 얼마나 신속, 정확하게 찾아낼 수 있느냐에 큰 도움을 주는 것이 바로 키워드에 동그라미와 같은 표시를 해두는 것이다. 대개는 동그라미를 키워드를 쌓는 형식으로 표시해 둔다. 하지만 대단히 중요하다고 생각하는 키워드의 경우는 두 겹 혹은 세 겹의 동그라미를 만들어 두기도 한다.

줄은 가로 줄만 사용하지 않는다. 몇몇 문장이 아니라 특정 문단이 중요한 경우는 주로 왼쪽에 선명한 세로줄을 하나, 혹은 두 개 정도 또렷하게 표시해 둔다. 이 문단 전체는 대단히 의미 있는 정보라는 뜻인 것이다.

그런데 나는 여기서 그치지 않고 중요한 문단에 대해서도 몇 가지를 분리해서 처리하고 있다. 아주 중요한 문단인 경우는 별표를 남긴다. 별 하나, 별 둘, 별 셋, 별 다섯 정도로 중요도를 표시하기도 한다. 가끔 화살표를 사용하기도 한다. 책의 왼쪽 여백에다 주목해야 할 부분, 생각해 봐야 할 부분에 대해서는 아래에서 위로 향하는 화살 표시나, 위에서 아래로 향하는 화살 표시를 표기해 둔다. 이는 '주목하세요.' '생각해 보세요'와 같은 의미를 갖는다.

지금 당장 하고 있는 일과 관련된 정보들, 그러니까 지금 당장 이용할 수 있는 정보들의 경우 특별한 취급을 한다. 지금 당장 이용할 수 있는 정보에 대해선 일종의 VIP 대우를 하는 셈이다. 아주 효과적인 방법은 3M의 슬림형 포스트잇을 사용하는 것이다. 빨간색, 노란색, 푸른색, 초록색 등 각양각색의 포스트잇을 페이지 사이에 붙여둔다. 대개 아이디어를 구할 때, '어느 책에서 보았더라.' 정도는 생각이 날 때가 많기 때문에, 몇몇 부분에 붙인 포스트잇을 살펴보기만 해도 금세 원하는 부분을 찾을 수 있다.

나처럼 많은 책들을 읽어내는 경우엔 방금 읽은 정보도 다른 책과 헷갈릴 때가 있기 때문에 단기 이용 정보와 중장기 이용 정보를 구분하는 것이 편리할 때가 많다. 그러나 이것이 전부는 아니다. 도저히 놓칠 수 없는 정보들에 대해 나의 소유욕이 또 한번 발동하게 된다. 그것은 책을 접는 방법이다. 대개 나는 책의 모서리를 접는다. 아주 뚜렷한 규칙을 가지고 있지는 않다. 하지만 줄을 치는 것만으로는 성에 차지 않는 경우가 많다. 줄을 치는 것만으로는 정보를 놓칠 수도 있다는 불안감을 가질 경우, 나는 어김없이 책의 상단 모서리를 접는다. 좀더 중요하다고 판단하면 상단 모서리와 하단 모서리를 동시에 접는다. 그래도 참을 수 없다. 이것은 너무 중요하다. 이런 탄성을 지른 정보는 각각 두 번씩 접는다. 아주 가끔은 세 번 접을 때도 있다. 그래서 책을 읽고 나면 정말 책들이 주인을 제대로 만나지 못한 탓에 상처투성이가 되어버린다.

내가 구입한 책의 가치 판단 기준은 얼마나 모서리가 많이 접혀 있는가이다. 나는 책을 읽고 나면 반드시 책을 돌려서 얼마나 모서리가 많이 접혀 있는가를 확인하는 버릇이 있다. 많은 모서리가 접혀 있을 경우에는 제대로 된 책을 골랐구나 하는 생각에 흐뭇해 한다.

그런데 이처럼 책에 다양한 흔적을 남기는 방법이 효과가 있을까? 나는 두 가지 이유 때문에 이런 방법을 사용하는데, 그 중 하나는 두뇌에 특정 정보를 강렬한 인상과 함께 입력하기 때문에 훗날 불러내서 사용하기 요긴하다는 점이다. 다른 하나는 특정 정보에 대한 기억이 떠올랐을 때 신속 정확하게 찾아내기 위함이다. 그런데 이런 방식이 특정 정보를 두뇌 속에 입력하는 괜찮은 방법일까? UCLA에서 기억 클리닉과 노화 센터를 운영하는 개리 스몰은 《메모리 바이블(Memory Bible)》에서 기억력 훈련의 '찰칵－마음속으로 스냅 사진을 찍어라'에 대해 이런 이야기를 들려준다.

핵심은 기억해야 할 정보를 마음속의 영상으로 만드는 것이다. 다시 떠올릴 때는 그 영상의 내용을 서술하면 된다. 생생하고 기억할 만한 이미지를 만들어내면 장기 기억으로 저장할 수 있다.

영상은 실제일 수도 있고 상상일 수도 있다. 실제 이미지를 저장하려면 적극적인 관찰이 필수적이다. 대상에 정신을 집중하고, 관찰한 내용을 의식적으로 머릿속에서 이미지로 만들어야 한다. 상상 속 이미지란 마음속에서 꾸며낸 이미지를 말한다……. '찰칵' 이미지는 밝고, 선명하고, 원색일수록 기억에 잘 남는다. 또한 평면보다 입체가, 가만히 읽는 것보다 움직이는 게, 대충 윤곽만 있는 것보다는 세부사항이 자세할수록 기억하기 좋다.

그러니까 책에서 포착한 정보를 빨간색이라는 원색을 사용해서 표시하는 행위 자체는 기억력을 높이기 위해 '찰칵' 하고 사진을 찍어두는 것에 해당하는 것이다. 이런 방법을 10여 년 동안 사용해 오면서 실제로 독서를 통한 부가가치 창출 능력을 향상시켜 왔기 때문에 나에게 있어 개리 스몰의 의견은 나의 믿음을 뒷받침해 주는 증거자료인 셈이다. 조금 직설적으로 이야기하면, 나는 책 위에 아무 흔적도 남지 않는 책읽기는 대단히 비효율적인 책읽기라고 생각한다. 조금 심하게 말하자면 낭비에 가까운 책읽기란 생각도 든다. 하지만 이것은 어디까지나 나의 개인적인 의견임을 참고하기 바란다. 그러나 도서관에서 빌린 책

에 대한 이 같은 대접은 거의 몰상식한 만행(蠻行)에 가까운 일
임을 기억하기 바란다.

◥ **필기 도구를 이용하여 '찰칵' 하고 사진을 찍어둔다.**

II │ 제대로 읽어라

중세까지만 하더라도 독서법은 소리 내서 읽는 것이었다. 절간에서 낭랑하게 울려퍼지는 독경소리야말로 책을 읽고, 지식을 습득하고, 도를 깨우치는 독보적인 방법으로 전해 내려왔다. 오늘날과 같이 소리 내서 읽지 않는 새로운 독서법, 즉 묵독(默讀)은 개인의 사적 공간을 인정하기 시작한 근대와 함께 시작되었다. 오늘날은 너무나 당연한 일이지만, 전문가들은 묵독이야말로 책읽기 방법의 혁명적 변화라고 말한다. 인쇄술과 다른 '또하나의 혁명'이라고 부르는 사람들도 있다.

도서평론가 이권우는 묵독의 의미를 두고 이런 이야기를 들려준다.

"당대인들이 읽었던 글이 과거의 방식인 필사본이냐, 아니면 새로운 방식인 인쇄물이냐는 중요하지 않다. 혁명적 변화를 일으킨 본질적인 힘은, 읽을 수 있도록 만든 방식이 아니라, 글을 읽는 새로운 방식이 몰고 온 인간 내면의 변화에 있었던 것이다.

묵독의 가장 큰 특징은 독서 형태의 개인화다. 이것은 집단 통제에서 벗어나 자아로의 침잠이 가능하도록 했다. 필립 아리에스(《사생활의 역사》의 공저자)가 서문에서 밝힌 대로 묵독은 '점차 많은 사람들에게 스스로 세상에 대한 정보를 얻고 경험적인 지식을 얻을 수 있는 기회를 제공'했고, '수도원이나 암자처럼 경건한 장소가 아니면 누리기 힘든 고독한 성찰'을 가능케 한 것이다. 또한 묵독은 '외부 세계와 분리된 개인의 내면 세계를 구축하는 데 기여'했고, 읽는 이의 내면에 직접적인 감동을 주는 장점도 있었다. 묵독이 결과한 파장은 실로 크고 깊었다. 묵독은 우선 지적인 작업을 본질적으로 개인의 내면적인 행위로 바꾸었다."

'낭독'에서 '묵독'으로의 변화가 이처럼 인간에게 심대한 영향을 끼치게 된 것이다. 여러분 가운데 책을 소리 내어 읽는 사람은 거의 없을 것이다. 하지만 묵독이 등장한 이후 근래에 또 다른 큰 변화가 있어나고 있다. 그것은 정보의 폭발적인 증가를 말한다. 폭주하는 정보들은 성경이나 교과서를 공부하듯 또박또박 천천히 읽을 수는 없는 일이다. 왜냐하면 여러분이 접하는 정보원 가운데 성경이나 교과서와 같은 것은 소수에 불과하기 때문이다.

환경이 변화함에 따라서 이제 새로운 독서법의 등장이 불가피하게 되었다. 물론 이 같은 주장에 대해 나와 같은 사람들만의 특별한 일이라고 말하는 사람들도 있을지 모른다. 하지만 독자 여러분들은 대부분 정보를 가공해서 일종의 '프로페셔널 서비스(professional service)'를 만들어서 제공하는 지식 근로자에 속하게 될 것이다. 만일 자신의 직업이 단순한 육체노동을 제공하는 블루칼라가 아니라면, 급속히 증가하는 정보를 변별해야 하고, 이를 이용해서 부가가치를 지닌 서비스를 생산해야 한다는 점에서 거의 예외가 없다.

새로운 독서법의 포인트는 정보를 읽는 속도(speed)다. 빠른 속도를 유지하면서 건져올리는 정보의 양과 질을 동시에 획득하는 방법을 찾아야 한다. 두뇌 속에 양질의 정보를 많이 입력하면 할수록 여러분은 정보를 가공해서 멋진 상품을 만들어낼 가능성이 그만큼 높아지게 된다. 이 책 바로 전에 내가 쓴 책은 입력된 정보를 갖고 부가가치를 만들어내는 두뇌 활용법에 대한 책인 《두뇌 가동률을 높여라》였다. 지금 내가 관심을 갖는 것은 일단 두뇌 속에 입력되는 정보의 양과 질을 신속하게 증가시키는 것이다.

혹자는 속독법을 배워야 한다고 말한다. 하지만 나는 오래 전에 속독법에 관한 책을 몇 권 본 적이 있지만, 그다지 큰 효과를 보지 못했다. 속도를 증가시키는 방법은 다른 사람들의 경험을 참고하되 스스로 체험을 통해 몸에 완전히 익혀야 하는 일종의 '암묵적 지식(tacit knowledge)'이다.

단어 하나하나를 또박또박 읽어서는 안 된다. 우선은 읽는다는 생각을 잠시 접어두는 것이 좋겠다. 오히려 독서란 '눈으로 읽는다'는 것보다 '눈으로 본다'에 가깝다. 읽는 것은 문장을 순서대로 진행하는 것이지만, 본다는 것은 한 문장의 전체 혹은 한 문장을 두 부분으로 나누어서 전체를 보는 것이다. 마치 카메라로 어떤 장면을 담기 위해서 셔터를 누르듯이, '찰깍, 찰깍' 셔터를 반복할 필요가 있다. 이때 눈은 카메라 렌즈처럼 바뀌게 된다. 눈은 정보가 통과하는 역할을 할 뿐 이를 이해하고, 해석하고, 중요도에 따라 선별하는 능력은 두뇌가 담당한다.

나는 책을 읽을 때 한 페이지가 시작하는 왼쪽 위에서 시작하여 오른쪽 아래까지 대각선을 연결한 다음, 그 대각선을 따라 미끄러져 내려오면서 눈동자로 한 줄을 거의 두 부분으로 잘라서 본다. 이것은 처음부터 속독법에 바탕을 두고 익힌 방법이 아니라, 필자의 경험을 통해 체득한 빠른 독서법이라고 하겠다. 이렇게 내려오더라도 모든 내용을 다 훑는 것은 아니다. 독서중에 불필요한 부분은 빼먹고 읽기를 계속 진행한다. 책을 들게 되면 좀 더 빨리 다음 부분에 어떤 내용이 담겨 있는지 알고 싶은 욕구가 읽는 속도를 빠르게 만드는 강력한 동인인 셈이다.

지난해에 발간했던 《공병호의 독서 노트 : 미국편》에는 이런 독서법을 두고 '스킵 앤 스캐닝' 법이란 이름을 붙인 바가 있다.

'스킵 앤 스캐닝(Skip & Scanning)'

바쁜 사람들은 항상 책을 읽을 때, '스킵 앤 스캐닝' 법을 기억해 두는 것이 좋다. '스킵'은 빠른 시간 내에 자신에게 필요한 부분만을 뽑아서 읽는 테크닉을 말한다. '스캐닝'은 복사를 연상하면 된다. 마치 복사할 때 복사기가 전체를 한꺼번에 '쓱' 하고 지나가듯이 글을 읽는 테크닉을 말한다. 물론 이 같은 독서법은 처음부터 가능한 것이 아니다. 조금씩 독서량을 증가시키면서 읽다 보면 나만의 스캐닝 방법을 터득하게 될 것이다. 이미 정보가 넘쳐나는 세상이지만, 앞으로는 더욱더 그러할 세상이 기다리고 있다. 마치 오늘날 자동차 운전이 필수인 것처럼, '스킵 앤 스캐닝' 법이 필수인 시대가 기다리고 있을지도 모른다.

이렇게 훑어 내려가듯이 책을 읽다 보면 중요한 정보를 놓쳐버릴 가능성을 우려하는 사람들도 있을 것이다. 하지만 대부분의 중요 정보를 포착할 수 있다. 물론 속도 때문에 세세한 정보를 놓쳐버릴 수도 있는데, 이것은 속도의 편익 때문에 지불해야 하는 얼마간의 비용 정도로 생각하면 된다.

우리의 뇌 용량은 대단히 크다. 그래서 책을 읽으면서 책과 직간접으로 연결된 여러 가지 생각에 필요한 수백 단어를 처리할 여력을 갖고 있다. 따라서 빠른 속도로 책의 내용을 읽어나가더라도 생각의 속도는 고속으로 질주하게 된다. 그래서 책의 내용을 따라가면서도 여러분이 마음속으로 구하려고 하는 정보를 발견하게 되면 자연스럽게 그곳에 시선이 머물게 된다. 신기하게 중요한 정보를 척척 찾아내는 자신을 발견할 때면 인간의 능력이란 정말 대단하구나 싶어 놀랄 때도 많다. 신기하다고 할 정도로 빨리 훑어가면서도 정보를 찾아서 마크업을 남길 수 있다.

때문에 인간의 두뇌는 책을 통해 무엇을 얻고 싶다는 뚜렷한 목표 의식을 갖게 되면, 한 단어나 한 문장이 아니라 한꺼번에 여러 문장이 눈을 스쳐 지나가더라도 핵심 단어나 문장을 찾아내는 기발한 능력이 있다고 생각한다. 예를 들어 우리가 방 안에서 어떤 물건을 잃어버렸다고 하자. 그때 물건을 찾기 위해 어떻게 하는가? 꼼꼼히 하나하나 챙기기보다는 '쓱' 하고 지나가는 듯이 시선을 옮긴다. 그러다 보면 대개의 풍경은 주변 처리가 되고, 우리가 찾는 물건만이 또렷하게 포착되는 경험을 한 적이 있을 것이다. 책을 읽을 때도 스쳐 지나가는 듯이 읽는 중에 두뇌는 특정 정보를 정확하게 포착하게 돕는다.

이런 현상을 두고 다치바나 다카시는 자신의 경험을 이렇게 들려준다.

어느 정도 세세하게 읽을 것인가는 자신의 필요에 따라, 혹은 자기 좋을 대로 적당하게 정한다. 내 경우에는 자연스럽게 눈이 머무는 곳만을 읽고 지나간다. 또한 자연스럽게 눈이 머문 어느

한 곳에서부터 전체 문장을 통독하기 시작하는 경우도 적지 않다. 여기에서는 '자연스럽게 눈이 머문' 곳이라는 점이 중요하다. 인간의 뇌는 의식세계에서 미처 인식하지 못하고 있더라도 여러 가지 일을 무척 많이 하고 있다. 머리 속에 왠지 계속 맴도는 키워드가 있을 경우, 주변 시야 속에 그 키워드가 나타나면 눈은 자연히 그곳에 머물게 되는 것이다. 키워드를 찾아서 의식적으로 눈을 이리저리 굴릴 필요는 없다. 중요한 정보(마음에 계속 남아 있는)를 찾는 일은 뇌가 자동적으로 해준다. 의식적으로 글을 읽지 않아도 책 위로 눈이 움직이는 것만으로(한 쪽을 읽는 데 1초가 채 걸리지 않아도 된다) 눈은 정확히 중요한 곳에 머문다. 여기서 중요한 점은 뇌의 무의식이 행하는 작용을 믿는 것이다.

☒ **무엇을 얻고 싶은지 뚜렷한 목표의식을 갖는다.**

12 | 질문을 던지면서 읽으라

독서는 저자와 대화를 나누는 일이다. 언제, 어디서든, 누구와도 만날 수 있다는 점이 일상의 대화와 차별화되는 부분이다. 대화에는 일방적으로 듣기만 하는 수동적인 대화가 있는 반면, 저자의 의견이나 주장에 반응하는 적극적인 대화도 있다. 어떤 일을 하더라도 그렇겠지만 특히 독서를 할 때는 적극적으로 대화를 나누어야 한다.

일방적으로 저자의 주장을 흡수하기 위해 수동적으로 책을 대하게 되면, 책 읽는 즐거움이나 지적 호기심, 그리고 유용성은 반감되게 마련이다.

나는 몇 가지의 질문은 갖고 책을 읽는다.

첫째, 어떤 새로운 정보를 얻을 수 있을까?

둘째, 어떻게 정보를 이용할 수 있을까?

셋째, 나의 의견이나 생각은 저자와 같은가, 다른가?

넷째, 왜 다르게 생각하는가?

앞의 두 가지 질문은 여러분이 저자가 특정 분야에서 지식과 경험을 쌓은 전문가라고 인정하는 데서 출발한다. 여러분이 어떤 주제에 대해 책을 고른다는 사실은, 저자를 그 분야의 전문가로 인정하고 있음을 뜻한다. 특별히 실용 도서의 경우에는 전문가로부터 가능한 한 귀한 정보를 듬뿍 얻는 것이 우선적 목적일 것이다.

독서를 할 때면 눈이란 창을 통해 쉬임없이 가치 있는 정보들을 두뇌 속으로 입력되고 있다는 느낌을 갖게 된다. 점점 저수지에 물을 채우듯이 책은 지식의 저장고에 가치 있는 정보를 채워나가게 된다.

그런데 이때 중요한 것은 항상 정보의 이용 가능성에 대해 깊은 관심을 가져야 한다는 점이다. 수동적으로 책읽기를 하는 사람은 그냥 '좋은 정보구나'라든지 '멋진 정보구나'라는 수준에 머물고 만다. 이 단계에서 한 걸음 더 내디뎌야 한다. '이 정보를 어떻게 이용할 수 있을까?' 위의 네 가지 질문 가운데서도 굳이 우열을 가리자면 나에게는 이 질문이 가장 중요하다.

또한 눈에 확 띄는 단어나 문장, 그리고 단락을 발견할 때면 나는 횡재한 기분이 들 때가 많다. 그것은 당장, 혹은 짧은 시간 안에 이용할 수 있는 정보를 발견하였을 때다. 그런 정보의 경우에는 여백에 메모를 남겨두거나 포스트잇을 붙여두게 된다. 이때 책의 양쪽 여백을 충분히 이용하여야 한다. 그것도 모자라면 윗면과 아랫면의 여백을 이용해서 메모를 간단하게 남겨둘 필요가 있다.

책을 읽으면서 무엇인가를 적어두는 행위는 확실히 그 정보를 두뇌에 입력해 둔다는 점에서, 그리고 훗날 그 정보를 쉽게 찾아낼 수 있다는 점에서 효과가 있다. 그러나 지나치게 장황하게 메모를 하는 것은 금물이다. 왜냐하면 독서의 속도에 큰 지장을 주기 때문이다. 그래서 나는 책 속의 특정 문장이 업무에 직접 도움을 줄 수 있다고 판단하면 아주 간단하게 메모를 남긴다. 주로 한 개 내지 두세 개 정도의 단어나 단문 하나 정도의 글을 적어둔다. 그리고 포스트잇을 붙여두면 중요 정보와 손쉽게 구분할 수 있다.

또 다른 한 가지 중요한 사실은 자신의 생각을 세우는 일이다. 나는 이 점을 일상생활에서 무척 중요하게 생각한다. '다른 사람들이 이렇게 생각한다' 가 중요한 것이 아니라, 나에게 중요한 사실은 '내가 어떻게 생각하느냐' 는 것이다. 이 점은 현장을 뛰어다니는 사람들이 늘 명심해야 할 사실이다. 왜냐하면 기회란 남을 따라가는 데서 만들어지지 않는다.

남이 익숙하게 다니는 길에서 대부분의 기회는 이미 다 이용되어 버렸을 가능성이 높다. 그러므로 자신의 관점, 자신의 의견을 세워야 하는데, 이런 훈련을 쌓는 데 책은 중요한 역할을 담당한다. 나는 실용독서를 할 때 대부분은 저자의 의견이나 생각을 기꺼이 받아들인다. 하지만 비판적인 시각을 지니는 것을 결코 잊지 않는다. 뿐만 아니라 저자의 의견에 대해 수긍할 수 있는 점과 그렇지 못한 점을 판별하는 것이 독서를 통해 훈련되면 사물이나 현상을 예리하게 관찰하거나 본질을 파악하는 능력을 키울 수 있다.

그러면 동의할 수 없는 사실을 발견하였을 때 어떻게 해야 하는가? 독서의 속도를 중시하는 나에겐 동의할 수 없는 의견이나 주장 부분에 오랫동안 머물지 않는다. 또렷하게 특정 부분에 밑줄을 그은 다음에 '?'를 곁에 표시해 둔다. 도저히 납득할 수 없는 경우에 '??' 혹은 '???' 정도로 불만을 대신한다. 간혹 도저히 말도 안 되는 책을 읽게 되었을 때는 가능한 한 빨리 포기하는 것이 상책이다. 그럴 때면 불만을 어떻게 표기하는가? 나의 습관이 정신 건강에도 무척 좋다고 생각하는데, 책의 앞면 여백에 몇 년 몇 월 며칠을 쓰고 난 다음에 'too bad'라고 써 나의 불만을 대신한 표시한다.

'왜 다르게 생각하는가?'라는 질문의 대답은 '?'를 기록할 때마다 순간적으로 머리 속에 떠오르기 때문에 그 이유를 장황하게 책에 써두거나 하지는 않는다.

아무튼 나는 항상 새로운 정보를 구하고, 그 정보를 어떻게 내

일에 활용할 수 있을까에 관심을 두고 책을 읽는다. 다른 한편에 선 기꺼이 받아들이지만, 나는 당신의 의견에 동의한다, 그렇지 않다 등을 분명히 인식하면서 책읽기를 계속해 나간다.

↘ '내가 어떻게 생각하느냐' 가 중요하다.

I3 | 자신의 목적과 필요에 맞추라

어떤 책을 선택하더라도 '테마가 있는 책읽기'를 해야 한다. 그냥 재미나 즐거움으로 읽는 책읽기도 나쁘지 않지만, 적극적이고 박진감을 가지고 책을 읽을 수 없다. 오히려 수분 내에 잠이 들어버릴 수 있다. 그래서 나는 책읽기란 뚜렷한 목적 의식을 갖고, 필요를 충족시키기 위한 '테마가 있는 책읽기'가 되어야 한다고 생각한다. 그때 비로소 두뇌는 최고의 속력으로 질주하게 될 것이며, 이 과정에서 자기 만족감이 높아지고, 두뇌 속에 엔돌핀이 분비되어 행복하다는 느낌을 가질 수 있다.

책읽기란 마치 여행을 떠나는 것과 같다. 여행길이 항상 편안하지 않듯이 책을 읽는 과정에서도 다양한 난코스를 만날 수가 있다. 이를 극복하기 위해 지금 읽고 있는 책이 자신이 고민하는 문제를 해결하는 데 도움을 줄 수 있어야 한다. 물론 도움이란 단기적인 도움일 수도 있고, 중장기적인 것일 수도 있다. 목적과 필요를 강하게 의식하지 않은 상태에서 책읽기를 하게 되면, 책만 들면 잠을 자게 될 가능성이 한층 높다. 만일 여러분이 책만 들면 졸음이 온다면 이는 '테마가 있는 책읽기'와 거리가 먼 독서를 하고 있기 때문일 것이다. 왜 이 책을 읽고 있는지, 여기서 무엇을 얻고 싶은지를 한 번 정도 머리 속으로 정리해 보고 출발하는 것이 좋을 것이다.

언젠가 디자이너를 대상으로 가벼운 강의를 한 적이 있었다. 30대 후반 정도의 참석자에게 내가 이렇게 물었다.

"어떤 방법으로 배움을 얻고 있나요?"

"저는 책을 읽으면서 가장 많이 배우게 됩니다. 마치 권총의 방아쇠처럼 특정 문장이나 단락이 새로운 발상을 일으키도록 유도해 주는 경우가 많거든요. 방아쇠를 당긴 것처럼 특정 문장을 볼 때 고민하고 있는 문제를 해결할 수 있는 아이디어가 떠오르는 경우가 많습니다."

그는 디자인 업무가 요구하는 상상력과 창의력의 계기를 책에서 얻고 있었다. 누구에게나 책이 방아쇠와 같은 역할을 할 수는 없다. 독자가 뚜렷한 목표와 필요를 인지하고 있는 상태에서 독서를 할 때 이것이 가능한 것이다. 나 역시 이처럼 책을 읽을 때가 많다. 마치 질주하는 자동차처럼 책읽기에 긴박감을 더해가면서 속도를 높여 책읽기를 해나가는 경우가 많다.

이즈음에는 드는 의문 한 가지는 책읽기의 목적과 필요를 효과적으로 달성할 수 있는 방법에는 어떤 것이 있을까 하는 점이다. 그냥 읽는 것보다는 목적과 필요에 맞는 부분을 효과적으로 찾아낼 수 있어야 한다. 그리고 훗날 그것을 제대로 사용할 수 있어야 한다. 나의 경험은 여러분에게 생각할 수 있는 소재를 제공하기 때문에, 관심 있는 사람들이 활용해 볼 만한 것들이다. 책을 들었을 때부터 무엇을 얻을지는 알 수 없다. 왜냐하면 그곳에 무엇이 들어 있는지 읽기 전에 알 수 없기 때문이다. 여행 전에 여행길에서 얻게 될 경험이나 교훈을 추측해 볼 수는 있지만 구체적인 내용을 알 수 없지 않은가? 독서나 여행이나 마찬가지다.

그래서 나는 책을 읽어나가면서 현안 과제나 내가 앞으로 해결해야 할 과제와 관련된 중요 내용들이 등장하게 되면 그런 정보들을 한군데에 정리해 둔다. 이런 경우 읽는 속도에 방해를 주지 않기 위해 아주 간단한 메모를 해두는데, 이때 주로 책의 앞면이나 뒷면을 사용한다. 책의 앞면이나 뒷면에 있는 여백에 간단하게 이용 가능한 주제를 쓰고 그 밑에 첫째, 둘째, 셋째의 순서로 페이지를 정리해 둔다. 마치 두꺼운 책을 쓴 저자들이 주제별, 혹은 인물별 색인을 제공한다, 비슷한 아이디어를 자신의 방식대로 사용한다고 생각하면 된다.

저자는 자신의 방식대로 목차에 따라 자신의 의견과 생각을 나타낸다. 그런데 내가 생각하기에 그것은 저자의 방식일 뿐이다. 독자들은 자신의 목적과 필요에 따라 책을 재구성할 수 있다. 독자가 필요한 목적과 필요에 맞추어서 관련 정보가 이 책의 어디에 있는지를 정리해 두면 큰 도움을 받을 수 있다. 예를 들어 미하이 칙센트미하이의 《창의성의 즐거움》이란 책을 읽고 난 다음 나의 책 앞면에 정리된 메모 가운데 몇 가지만 살펴보자.

* 창의성? _ p.15, 17, 33
* 어떻게? _ p.28, 31, 47, 59, 145, 168, 179
* 벤치마킹? _ p. 198, 226, 319

내가 미하이 칙센트미하이의 책을 들게 된 이유는 인간의 창의성은 무엇인가? 그것을 어떻게 닦을 수 있을까? 그리고 앞선 사람들로부터 배울 만한 표본에는 어떤 것이 있을까? 등과 같은 질문 때문이었다.

이렇게 나는 책을 읽으면서 내가 찾던 주제에 대한 관련 정보를 한군데 모아서 짤막짤막하게 정리해 둔다. 약간의 수고만으로도 자신이 구하는 문제에 대한 해결책을 다시 한 번 재음미할 수 있다는 점에서 간단하지만 의미 있는 시도이다.

↘ 자신의 목적과 필요에 따라 책을 재구성한다.

I4 | 이따금 느슨하게 천천히 하라

언제나 예외는 있다. 독서에도 긴장을 풀고, 느슨하게, 그리고 천천히 처음부터 읽어야 할 책이 있다. 실용서 가운데서 그런 부류에 속하는 책들은 인물에 관한 이야기일 것이다. 진솔한 자서전은 유년기로부터 시작해서 청소년기, 장년기, 그리고 노년기에 이르기까지 차근차근 읽는 것이 바람직하다.

그렇다고 해서 모든 자서전을 그렇게 읽을 필요는 없다. 자서전 성격을 지니고 있으면서도 그들의 삶의 방식에서 교훈을 얻을 수 있는 책들이라면 지금까지 설명하였던 것처럼 빠르게 뽑아서 읽어도 괜찮다. 이런 부류의 책에는 오카도 마사유키의 《목숨 걸고 일한다》, 카를로스 곤의 《르네상스》, 루돌프 줄리아니의 《리더십》 등과 같은 책을 들 수 있다. 이들 책은 자신이 살아온 이야기 형식을 빌리고 있지만, 리더십이나 경영을 다룬 책에 가깝다고 할 수 있다. 이런 책들을 전형적인 실용서 읽기와 비슷한 방법으로 읽으면 된다. 다만 그들의 삶을 컴팩트하게 정리해 둔 부분이 들어가 있는데, 이 부분은 다른 실용서와 다르기 때문에 도움을 청할 수 있다.

그러나 느슨하게 천천히 읽어야 하는 책들은 전형적인 자서전들이다. 예를 들어 근래에 인상적으로 읽었던 자서전 힐러리 로댐 클린턴의 《살아 있는 역사》, 매들린 올브라이트의 《마담 세크러터리》, 데이브 롱거버거의 《롱거버거》 등과 같은 책을 보자. 물론 이 같은 책을 읽더라도 요령이 필요하다. 책을 만들기 위해 불가피하게 서술한 면들, 이를테면 세세한 인물에 대한 기억들까지 독자들이 관심 있게 읽을 필요는 없다. 그런 사실까지 읽기엔 우리 인생이 너무 짧기 때문이다. 자서전을 읽을 때는 몇 가지 질문이 필수적이다.

첫째, 저자의 삶에서 무엇을 배울 수 있는가?

둘째, 저자에게 결정적인 순간들은 언제였는가?

셋째, 저자는 결정적인 순간에 어떻게 행동하는가?

넷째, 저자는 삶의 기회를 어떻게 만들어가는가?

다섯째, 저자는 역경을 어떻게 극복하는가?

여섯째, 그 밖에 이 책에서 무엇을 배울 수 있는가?

예를 들어 힐러리 상원의원의 자서전을 이 같은 질문을 던지면서 읽으면 곳곳에서 여러분 자신의 생각을 정리할 수 있다. 그녀의 책 서문에 나의 시선을 끄는 것은 두 문장이었다.

"나는 또한 수많은 태풍의 눈 속에서 살면서도 집중력을 잃지 않는 법을 배웠다."

"내가 자주 말했듯이, 정치 생활은 인간성을 끊임없이 가르치는 평생 교육 과정이다."

그녀는 퍼스트레이디의 생활을 통해 배웠던 교훈 가운데 하나가 집중력을 유지하는 법이라고 고백한다. 나는 이 대목을 읽으면서 평소에 가져왔던 나의 믿음을 재확인할 수 있었다. 이처럼 삶의 지혜나 덕목을 타인의 삶을 통해서 확인해 가는 것이 책이 가진 힘이다. 나는 책을 보면서 이처럼 조금씩 힌트와 확신을 얻어가게 된다. 그런 확신은 나의 철학이 되고, 그 철학은 잠재의식에 작용하여 나의 운명을 내가 그리는 방향으로 이끌어나가게 된다.

또한 그녀는 정치와 인간성을 언급하고 있다. 정치 이외에도 이익이 격돌하는 현장에서 인간의 파렴치함과 위대함이 동시에 드러나게 된다. 그녀의 이야기를 통해서 내가 갖고 있는 정치 세계에 대한 나름대로의 생각을 정리해 볼 수 있게 된다.

부모의 삶은 그 자체가 어떤 교과서나 교훈보다 뛰어난 것이다. "부모님의 생활 형편이 어려웠기 때문에 나는 내가 얻은 기회를 더욱 소중히 여기고 고맙게 생각했다. 결손 가정에서 외롭게 자란 어머니가 그처럼 자애롭고 분별 있는 여성으로 성장한 것은 지금 생각해도 놀라울 따름이다."

책이란 저자의 이야기를 통해 자신을 읽는 것이다. 나는 이 대목에서 여러 가지 상념이 떠올랐다. 그다지 여유가 없는 아이들 가운데 일부는 자신이 어렵게 얻은 기회를 정말 소중하게 여긴다. 나는 힐러리 의원의 윗 대목에서 바로 내 자신의 이야기를 읽고 쓰고 있었던 셈이다. 그것은 감정이입을 통한 짙은 감동으로 다가왔다. 아마도 내 자신이 삶의 한 부분 부분을 가볍게 여기지 않고 하나하나 정성을 들여 쌓기 위해 노력해 온 이유도 바로 윗 대목에서 지적한 내용과 다르지 않을 것이다.

이 책에는 힐러리 의원이 경험했던 영광과 좌절의 이야기가 계속된다. 이 책을 읽어봄으로써 위기와 영광의 순간에서 어떻게 대처하는가, 어떻게 의사결정을 내릴 것인가에 대해 생각해 볼 기회를 가질 수 있다. 1998년 8월 15일, 한번도 의심하지 않았던 남편이 르윈스키와 부적절한 관계가 있었음을 인정하는 대목이 등장한다. 다른 독자들은 그냥 넘겨버릴 수도 있지만, 나는 정말 많은 것을 생각하였다. '이렇게 엄청난 실수를 할 수도 있구나' 라는 안타까움이 듦과 동시에 인간의 나약함에 대해 생각했다. 자신의 인생, 결혼, 경력 전부를 한순간에 날려버릴 수도 있는 실수를 그 나이에, 그 직위에서도 할 수 있구나 하는 상념이었다.

이튿날은 8월 15일 토요일이었다. 빌이 몇 달 전처럼 아침 일찍 나를 깨웠다. 하지만 이번에는 침대 끝에 걸터앉지 않고 방을 오락가락했다. 그러다가 이렇게 말문을 열었다.

'사태가 전에 생각했던 것보다 훨씬 심각하다. 부적절한 친교가 있었다고 증언할 수밖에 없는 상황이다. 짧은 기간 동안 드문드문 관계를 가졌다. 일곱 달 전에 당신한테 고백하지 못한 것은 너무 부끄러웠기 때문이고, 당신이 얼마나 화를 내고 상처받을지 알고 있었기 때문이다.'

나는 거의 숨을 쉴 수가 없었다. 숨을 한번 꿀꺽 삼키고, 울음을 터뜨리면서 그에게 고함을 질러대기 시작했다. 그게 무슨 소리야? 도대체 무슨 말을 하고 있는 거야? 왜 거짓말을 했어?

공인, 특히 타인의 선망과 질투의 대상이 되는 자리에 앉은 사람은 단 한 번의 결정적인 실수로도 영원히 매장되어 버릴 수 있다. 그것이 업무와 관련된 것이 아니라 여자 문제나 금전 문제와 관련된 것이라면 말이다. 힐러리가 문제를 해결해 가는 고통스러운 과정 자체가 역경에서 사람이 어떻게 처신해야 하는가를 가르쳐주기에 손색이 없다.

"책을 읽는다는 것은 많은 경우, 자신의 미래를 만든다는 것과 같은 뜻이다"는 말을 랄프 왈도 에머슨이 한 적이 있다. 그 많은 책 가운데서도 유독 멋진 삶을 일구어낸 사람들의 이야기는 바로 이 점에서 큰 기여를 하는 경우가 많다. 나는 오늘 하루도 내 미래를 만들어간다. 어떤 사람들에게 미래란 정형화되어 있을지 모르지만, 나에겐 여전히 유동적이고 가변적인 것이다. 왜냐하면 나는 책을 통해 계속해서 미래를 꿈꾸고 만들어가고 있기 때문이다.

☒ 긴장을 풀고, 천천히 읽어야 할 책이 있다.

의욕적인 독자가 되는 법

〈질문 던지기〉

1. 전반적으로 무엇에 관한 글인가?

2. 무엇을, 어떻게 자세하게 다루고 있는가?

3. 전반적으로, 또는 부분적으로 볼 때 그 글은 맞는 이야기 인가?

4. 의의는 무엇인가?

〈내 책으로 만드는 법〉

1. 밑줄 긋기

2. 옆줄 긋기

3. 중요 표시, 별표 등 표시해 두기

4. 여백에 숫자 쓰기

5. 다른 페이지 수 써넣기

6. 동그라미 치기

7. 여백에 적어넣기

—출처 : 모티머 J. 애들러 & 찰스 반 도렌, 《생각을 넓혀주는 독서법》

PART 4

↘ # 실용독서 끝맺기

오늘날의 나를 만든 것은 동네의 공립 도서관이었다. 훌륭한 독서
가가 되지 않고는 참다운 지식을 갖출 수 없다. 멀티미디어 시스템
이 정보 전달 과정에서 영상과 음향을 많이 사용하지만 문자 텍스
트는 여전히 최소한 매일 밤 1시간, 주말에는 3~4시간의 독서 시간
을 가지려고 노력한다. 이런 독서가 나의 안목을 넓혀준다.

—빌 게이츠

OI | 체크된 부분을 훑어본다

강연에서 매우 중요한 한 가지 사실이 있다. 그것은 끝마무리를 어떻게 하느냐는 점이다. 아무리 잘 이끈 강연이라고 해도 끝마무리가 시원찮으면 청중들에게 강인한 인상을 남길 수 없다. 대개 2시간 정도 계속되는 강연의 경우 청중들이 강의 시간 내내 집중할 수 있는 것이 아니다. 게다가 청중들은 여러 가지 정보와 지식을 흡수한 상태이기 때문에 두뇌에 과부하가 걸려 있는 상태다.

때문에 명강사의 조건 가운데 하나는 마지막 1~2분 정도의 짧은 시간을 이용해서 2시간 정도의 강연 내용 가운데 중요한 키워드 중심으로 청중들이 스스로 정리할 수 있도록 도와야 한다. 설령 내용을 반복하는 감이 있다고 하더라도, 반드시 청중들에게 이번 강연의 핵심 포인트는 이런 저런 것이었다는 점을 강조하면서 강의를 마무리해야 한다. 그래서 나는 '이번 강연의 핵심 포인트는 첫째, 둘째, 셋째……'의 순서로 마무리하는 습관을 갖고 있다.

책읽기도 거의 비슷하다. 아무리 숙련된 독서가라고 해도 한 권의 책을 마무리할 즈음이 되면 두뇌 속에 상당한 양의 정보가 입력되어 있는 상태다. 한 장소에서 몇 시간을 확보해서 집중적으로 읽는 독서라고 할지라도 머리 속에 그 내용이 정확히 정리될 수는 없다. 그런데 이 책의 독자들은 대부분 바쁜 시간 가운데 틈틈이 책을 읽기 때문에 더욱더 책을 통해 받아들인 정보가 정리되어 있지 않을 것이다.

책의 마지막 부분을 막 읽었을 때, 두뇌 속은 어떤 모습일까? 작업대 위에서 한참 작업을 하고 있는 상태, 그러니까 여기저기 각종 작업 도구들이 흩어져 있는 상태와 마찬가지일 것이다. 또한 산만할 뿐만 아니라 뒤죽박죽된 상태일 것이다. 여러분은 업무를 마칠 때 어떻게 하는가? 단 1~2분 정도를 이용해서 기분을 일신하는 방법을 알고 있을 것이다. 나는 하루를 마감할 때면 어김없이 나만의 의례를 치루는데, 그것은 작업대를 깔끔하게 정리 정돈하는 일이다. 작업대 위에 물건들을 놓여져 있어야 자리에 차곡차곡 정리하다 보면 생각도, 기분도 함께 정리되어 간다는 느낌을 갖게 된다.

마찬가지로 한 권의 책을 독파하였을 때, 미루지 말고 바로 그

자리에서 반드시 마무리 작업을 해두어야 한다. 이때 드는 시간은 5분도 되지 않을 것이다. 이런 작업을 통해서 여러분의 두뇌 속에 가득 입력된 정보를 차곡차곡 정리할 수 있다. 마무리 작업은 어떤 효과를 갖고 있을까? 우선 여러분은 책의 핵심 포인트를 정리할 수 있다. 마치 책장에 여러 가지 책들을 분류 체계에 따라 깔끔하게 정리하듯이 책의 내용들을 여러분의 시각에서 재분류할 수 있다. 이 같은 작업은 기억력을 강화하여 훗날 그 내용들을 활용하는 데도 도움을 줄 것이다.

스스로 '자, 지금부터 마무리 작업에 들어간다' 라고 마음속으로 외쳐라. 그리고 나서 첫 페이지부터 설렁설렁 넘기기 시작하라. 이때는 대충 읽어도 괜찮다. 앞 페이지부터 설렁설렁 페이지를 넘기면서 모서리를 접어둔 부분을 중심으로, 줄을 친 부분을 대충 훑는다. 아마도 이때 여러분들이 책을 읽는 도중에 해두었던 각종 마크업이 큰 역할을 하게 될 것이다. 무엇보다도 동그라미를 친 특정 단어들이나 별표 등으로 강조해 둔 부분들이 우선적으로 눈에 확 띄게 될 것이다. 동그라미로 표시된 단어나 마크업된 부분들을 중심으로 죽 훑어 내려가는 식으로 책의 마지막 부분까지 보도록 하자.

눈으로 책을 읽는 행위는 처음부터 끝까지 생각하는 능력이다. 특히 마무리 작업을 하는 동안 여러분의 두뇌 속에는 산만하게 입력된 정보들을 의도적으로 정리하는 작업을 진행해야 한다. 책의 전체 내용들에 대한 틀이 잡히면서 반드시 기억해 두어야 할 부분에 대해선 다시 한 번 확인하는 작업이 이루어져야 한다.

이 책의 주요 내용들은 무엇인가? 이 책의 핵심 키워드는 무엇인가? 저자의 핵심 메시지는 어떤 것인가? 내가 반드시 기억해 두어야 할 부분은 무엇인가? 이 같은 질문들을 중심으로 마무리 작업을 해야 한다. 이때 굳이 필기도구를 들고 오랜 시간을 낭비할 필요는 없다. 하지만 나는 이때도 초록색 사인펜과 같이 처음 책을 읽을 때 사용하지 않았던 컬러 펜을 사용하기도 한다. 중요 키워드에는 다시 한 번 동그라미를 치거나 체크를 함으로써 특정 부분의 중요도를 강조하곤 한다. '다시 기억한다(Remind)' 라는 의미로 받아들이면 된다. 경험으로 미루어보면, 다시 책의 전체를 확인하는 과정에서 초록색과 같이 처음에 사용하지 않은 컬러로 결정적인 부분을 체크하는 과정이 무척 필요하다. 훗날 여러분이 아이디어를 구하거나 내용을 확인하기 위해 책의 내용을 회상하거나, 책을 다시 확인할 때 이처럼 재확인 과정에서 남긴 흔적이 중요한 역할을 할 때가 많다.

이 과정이 끝나게 되었을 때 비로소 책읽기는 마무리 된다. 맺고 끊는 일은 책읽기에서도 여전히 중요한 일이다. 시작하는 것이 있으면 반드시 끝나는 것도 있어야 한다. '자 이제 끝났습니다' 라는 말로 자신에게 선언하라. 그리고 끝까지 완주한 자신을 칭찬하라. 아마도 이 단계에 이르게 되면 여러분들은 한 권의 책을 마무리하면서 뿌듯한 승리감을 맛보게 될 것이다.

↘ **체크된 부분을 중심으로 전체를 확인한 후 마무리한다.**

02 | 머리 속에 생생하게 그려둔다

학생 때는 단기 기억 능력이 중요하다. 그래서 웬만큼 중요한 것은 반드시 외워두어야 한다. 하지만 학교를 졸업하고 난 다음 단기 기억 능력은 예전처럼 중요하지 않다. 하지만 필요할 때마다 이미 읽었거나 들었던 정보를 불러내는 능력을 무척 중요하다. 누구든지 자신의 장점과 단점을 알고 있겠지만, 필자의 경우는 단기 기억 능력이 별로 좋지 않다. 그럼에도 불구하고 평소에 독서나 경청, 그리고 메모를 통해 두뇌 속에 입력된 정보를 끌어내서 사용하는 재능이 어느 정도 있다고 생각한다. 아마도 이 같은 힘이 그동안 많은 책을 집필할 수 있도록 해주었던 것 같다.

한번 눈을 스쳐 지나간 정보라고 하더라도 그냥 잠재의식에 오랫동안 머무는 것은 아니다. 특별한 훈련이 필요하다. 일단 정보를 읽거나 보는 데 시간을 투입하였기 때문에, 투자 효율성이란 면에서 보면 얼마나 오랫동안 취득한 정보를 잠재의식에 보관할 수 있느냐는 무척 중요한 문제이다. 소설가 장을병은 《독서와 이노베이션》이란 책에서 독서와 잠재의식에 대해 이런 이야기를 들려준다.

"독서도 이와 같은 것이다. 읽고 나면 다 잊어버리지만, 그 영양분만은 없어지지 않고 우리의 정신적인 자양분이 된다. 이 정신적인 자양분이라는 문제에는 다소 설명이 필요하다. 우리의 몸은 영혼과 마음과 육체로 구성되어 있다. 마음은 두 가지로 구분된다. 하나는 현재의식이고, 다른 하나는 잠재의식이다. 이 잠재의식은 영혼이라고도 하고, 참 자아라고도 하고, 하느님이라고도 한다.

우리가 독서를 할 때는 마음이라는 것이 움직인다. 그리하여 얻은 정보와 지식을 현재의식으로 기억할 것은 기억하고, 잠재의식으로 보낼 것은 보내게 된다.

잠재의식으로 들어간 것은, 마치 잊어버린 것처럼 된다. 그러나 잊어버리는 것은 하나도 없다. 잠재의식 속으로 들어간 것은 필요할 때가 되면 언제든지 되살아나서 사람의 행동을 좌우하게 된다."

그러므로 그냥 책을 읽기만 할 것인 아니라 가능한 한 오랫동안 잠재의식에 보관될 수 있도록 의식적인 노력을 기울여야 한다. 아마도 앞에서 다양한 마크업을 이용해서 책을 표기해 두는 것이나 다시 한 번 리마인드하는 것도 모두 잠재의식 속에 오랫동안 각인해 두기 위해 사용하는 방법이다. 여기에 더해 잠시 틈을 내서 두뇌 속에 차근차근 정리하는 작업을 시작해 보라고 권하고 싶다. 책을 일단 덮은 상태에서 잠시 동안 다음의 4단계에 걸쳐서 생각해 보라.

첫째, 책 제목과 저자, 그리고 그의 이력을 머리 속에 그려보라.

둘째, 전체 내용을 머리 속에 그려보라.

셋째, 책의 중심 단어를 떠올린 다음, 각각의 의미를 머리 속에 그려보라.

넷째, 인상적인 대목이나 장면이 어떤 부분이었는지를 머리 속에 그려보라.

읽은 책을 덮고 머리 속으로 책의 내용을 정리하는 이유는 가능한 한 오랫동안 기억에 남기기 위해서이다. 이 과정은 읽었던 책 내용에 내 나름대로 '의미(meaning)'를 부여하는 과정이다. 뇌과학자들의 연구에 의하면, 인간의 기억력 체계는 새로운 정보가 자신에게 의미가 있을 때 가장 효율적으로 움직인다고 한다. 그래서 같은 일을 하더라도 자신의 일에 끊임없이 의미를 부여할 수 있는 사람은 숙련의 경지에 도달할 수 있지만, 아무리 오랫동안 일을 하더라도 별다른 열의를 갖지 않고 일하는 사람은 그런 경지에 도달할 수 없게 된다.

어떤 정보에 특별한 의미를 부여하게 되면 머리 속에 그 정보를 코딩하는 것과 같은 일이 일어난다. 다시 말하면 머리 속에서 물리적으로 배선을 까는 일이 발생하는 것이다. 뇌의 자기 공명 장치를 이용해 사람에게 의미를 부여하는 단계를 촬영해 보면, 뇌의 전두엽과 측두엽의 특정 부위가 활발하게 움직인다는 사실을 알 수 있다. 결과적으로 그런 활동을 통해서 입력된 정보를 기억할 가능성이 한층 증가한다는 사실들은 속속들이 밝혀지고 있다.

참고로 개리 스몰 박사가 제언하는 기억력 강화 훈련의 3요소, 즉 '보기, 찰칵, 결합'을 적극적으로 활용할 필요가 있다. 책을 덮고 상상을 해보는 과정은 이 3요소 가운데 특히 찰칵 및 결합과 깊은 관련이 있다.

"첫째, 보기. 기억하고 싶은 대상을 적극적으로 관찰하라. 여유를 갖고 주의를 기울이고, 외워야 할 대상에 집중하라. 새로 알게 된 얼굴, 이벤트, 대화 내용에서 의미와 세부 사항을 의식적으로 흡수하라.

둘째, 기억해야 할 대상을 마음속에서 사진 같은 영상으로 만들어라. 기억하고 싶은 시각 정보를 마음속으로 스냅 사진을 찍어라. 사진이 자신에게 사적인 의미를 갖도록 세부 사항을 보태라. 그러면 외우기도 쉽고 나중에 떠올리기도 좋다.

셋째, 마음속의 영상을 서로 결합하라. 기억해야 할 이미지들은 연쇄적으로 연결하라. 첫 번째를 두 번째와, 두 번째를 세 번째와 연결시켜라. 연쇄적 이미지들을 기억해야 하는 이유가 첫 번째 이미지에서 떠오르도록 하라."

책을 읽고 난 다음 이처럼 머리 속으로 정리하는 시간을 갖는 것은 무척 효과적이다. 이때 드는 시간이라고 해야 고작 1분 혹은 2분 정도면 충분하다. 마치 영화 필름의 영사기를 천천히 돌리는 것처럼 머리 속으로 책의 중요 내용을 확인하는 과정을 마무리해야 한다.

◣ **현재의식으로 기억할 것을 분류해 낸다.**

03 | 여백에 중요 내용을 정리해 두라

독서법을 다룬 책들은 효과적인 요약문을 써보기를 권한다. 요약문을 쓰는 일은 책의 핵심을 다시 한 번 파악하고, 읽은 내용에 대한 기억력을 강화함으로써 훗날 읽었던 정보의 이용 가능성을 한층 높인다는 장점이 있다. 하지만 대부분 사람들은 무엇인가를 쓰고 정리하는 일에 서툴다. 게다가 바쁜 사람일수록 한가하게 독후감 유의 요약본을 써야 한다는 사실에 심리적 저항감을 느낄 가능성도 높다. 하지만 효과는 분명하다.

예를 들어, 《5차원 독서법과 학문의 9단계》를 집필한 원동연은 만일 60분의 시간이 주어진다면, 60분 가운데 다음의 3단계로 독서가 이뤄져야 한다고 말한다.

1단계(40분) : 책을 읽는다.

2단계(10분) : 책의 내용을 깊이 생각한다.→ 지식의 재배열, 고
도화

3단계(10분) : 생각한 것들을 기록한다.→ 지식의 체계화(추상적
개념들의 구체화)

원동연의 2단계와 3단계는 이 책에서 말하는 마무리 단계와 거의 비슷한 과정임을 알 수 있다. 한편 신경정신과 의사인 개리 스몰은 기억력을 최적의 상태로 유지하기 위한 조직적인 접근법 9개 가운데 가장 중요한 것으로 '효과적인 요약문 쓰기'를 들고 있다.

나는 고교 시절에 요약문 쓰는 법을 배웠다. 영어 선생님이 우리에게 그날 필기한 것을 다시 한 번 읽고 페이지 맨 위에 간단한 요약문을 쓰라고 시켰다. 정보를 요약하려면, 그날 배운 것을 다시 한 번 생각해 보고, 압축하고, 이를 노트에 이미 쓴 것과는 다른 표현으로 다시 적는 과정이 꼭 필요하다. 이 과정은 분명 내 기억 속에 정보를 확실하게 담아두는 데 도움이 됐다.

정리가 잘된 요약문은 우리가 기억해 두어야 할 내용을 압축하고 있다. 뿐만 아니라 요약문을 쓰는 행위 자체가 나중에 더 쉽게 기억나게 한다. 외워야 할 대상에 대해 요약문을 만든다는 생각과 노력을 더 많이 투입할수록 나중에 기억해 내기가 더 쉽다.

나는 내 나름대로 요약문을 쓰는 방법을 갖고 있다. 문장 대신에 '핵심 포인트'를 정리하는 형식으로 책의 앞면에 정리를 해둔다. 그동안 별도의 노트를 마련해서 정리도 해보고 다른 시도도 해보았지만, 읽은 책에 요약을 하는 것이 효과적이라고 생각한다. 요약본이 책을 떠나 다른 별도의 노트나 종이에 정리되는 경우, 아무래도 현장감이 떨어지는 단점이 있다. 그리고 훗날 책의 내용을 이용하는 데도 큰 도움이 되지 않는다. 글쓰기 훈련이 되어 있지 않는 대다수 사람들은 요약문을 문장으로 쓰기보다 핵심 포인트를 첫째, 둘째, 셋째의 순서로 정리하는 습관을 들일 필요가 있다.

학생들은 시험을 치루는 데 도움을 받아야 되기 때문에 객관적인 사실을 아는 것만으로 충분하다. 그러나 사업 세계에서 활동하는 사람들은 읽은 책에서 나온 단순한 사실뿐만 아니라, 그 사실과 관련된 전후 사정을 함께 알아야 한다. 게다가 책의 앞면에 요약본을 기록해 두면 책을 읽던 당시의 생생한 감동과 느낌, 그리고 분위기를 훗날에 되살릴 수 있기 때문에 효과가 크다. 그리고 요약본의 바로 옆에 몇 년 몇 월 며칠에 읽었거나, 요약본을 썼다고 표기를 해두는 것이 좋다.

예를 들어 토머스 윗슨의 《IBM, 창업자와 후계자》라는 책을 읽고 난 다음에 내가 첫 페이지에 정리해 둔 요약본을 살펴보자.

1. 노년의 경영자가 가진 치명적 취약점(아첨과 완고
   함) : p.183, 196
2. 자기 경영과 기업 경영 사이에 균형을 유지하는 일 :
   p.191, p.314(가정의 위기)
3. 인생의 중요한 덕목(사과할 수 있는 용기와 지혜) : p.198
4. 프로 사업가가 갖추어야 할 조건들 : p.202, 205, 206
5. 인생의 극적인 순간들 : p.97, 98, 157(브래들리 장군의
   충고), 259, 173(장점의 인지)
6. 방황 속의 아버지의 힘과 격려 : p.55, 72
7. 자신감을 회복하다 : p.65, 130
8. 경영자를 위한 교훈 : p.94/95(생각하고 관찰하라),
   p.101(코칭스킬), p.145/146(도덕적 의무), p.300(문제
   해결), p.375, p.395(경영은 과학이 아니다)

이 정도의 메모만으로도 언제라도 이 책의 핵심 내용을 다시 떠올릴 수 있다. 시간이 조금 넉넉하고 꼼꼼한 사람이라면 좀더 완결된 문장으로, 좀더 상세하게 기록할 수도 있을 것이다. 어떤 형식을 취하든지 간에 빈 여백 한 페이지에 최종적으로 중요 포인트를 정리해 두는 습관을 갖는 것은 매우 중요하다.

☑ 중요 포인트를 정리해 두는 습관을 들인다.

04 | 독자 서평을 이용하라

시간이 허락되면, 책읽기와 동시에 글쓰기를 병행하는 것이 효과가 있다. 읽는 행위는 쓰는 활동에, 쓰는 활동은 읽는 활동에 서로 긍정적인 영향을 미친다. 글쓰기 능력을 키우기 위해서는 제한된 시간 동안 집중적으로 글을 쓰는 훈련을 가능한 한 많이 해야 한다. 짧은 시간 동안 자신의 생각을 정리하는 글을 반복해서 쓰다 보면, 글쓰기 능력을 크게 성장시킬 수 있다. 그리고 자기 자신의 생각도 체계화할 수 있다. 특히 읽은 책에 대해 서평을 쓰는 일은 핵심을 파악하는 능력, 정리하는 능력, 핵심을 재점검하는 능력, 그리고 자신의 생각을 세우는 능력을 동시에 강화하게 된다.

나의 글쓰기는 외국 서적이나 국내 서적을 읽고 서평을 쓰는 것과 신문이나 잡지에 기고하는 짧은 글을 쓰는 것으로부터 시작하였다. 그때는 그런 활동이 읽은 책의 내용을 정리하고, 글쓰기 능력을 발전시키는 데 크게 도움이 될 것이라는 생각을 갖지 않았다. 다만 무엇이든 열심히 한다는 나의 믿음이 반영된 활동이었을 뿐이다.

이제 와서 되돌아보면 짧은 시간 동안 집중적으로 글을 쓰는 능력, 그리고 두꺼운 책을 짧은 문장 안에 담아내는 훈련 등이 나의 글쓰기 능력에 크게 이바지하였다. 얼마 전 나탈리 골드버그의《뼛속까지 내려가서 써라》라는 책을 읽으면서 글쓰기에 대한 저자의 제언이 나의 경험과 거의 비슷하여 공감을 느낀 적이 있었다.

"손을 계속 움직여라. 방금 쓴 글을 읽기 위해 손을 멈추지 말라. 편집하려 들지 말라. 설사 쓸 의도가 없는 글을 쓰고 있더라도 그대로 밀고 나가라. 철자법이나 구두법 등 문법에 얽매이지 말라. 마음을 통제하려 말라. 마음 가는 대로 내버려두라. 생각하려 들지 말라. 논리적 사고는 버려라. 더 깊은 핏줄로 자꾸 파고들라. 두려움이나 벌거벗고 있다는 느낌이 들어도 무조건 더 깊이 뛰어들라. 거기에 바로 에너지가 있다"

요즘은 누구든지 작가 수업을 받을 수 있을 뿐만 아니라 열렬한 독서가가 될 수 있다. 여러 온라인 서점이나 각종 커뮤니티를 방문해서 글을 남기는 일을 해보면 어떨까? 공병호경영연구소 카페(cafe.daum.net/gonglab/)의 '내가 읽은 책' 코너나 스카

이벤처의 공사모(club/skyventure.co.kr/gong/)에는 부지런히 자신이 읽었던 책에 대한 서평을 연재하는 사람들이 있다.

그곳에 글을 남기는 것은 조심해야 될 필요가 없다. 그렇다고 해서 철자법이나 구두법 등의 격식에 지나치게 신경을 쓸 필요도 없다. 원래 글쓰기는 이처럼 별로 부담을 갖지 않고 시작할 수 있어야 한다. 이런 점에서 온라인상에 바로 글을 남기는 것은 정말 대단한 일이다. 책을 읽고 난 다음에 약간의 시간을 확보하라. 그리고 단골로 방문하는 커뮤니티나 온라인 서점을 몇 군데 정해두라. 책을 읽고 난 다음에 정기적으로 그곳에 글을 남기는 습관을 들여보라. 시간에 따라 짧게도 쓸 수 있고, 길게 쓸 수도 있다. 여러분의 형편에 맞추어서 그냥 써내려가면 된다. 다소 미흡한 글이라 하더라도 여러분의 글쓰기에 사람들은 도움을 받기 때문에 충분히 받아들여지게 된다.

현대 기술, 특히 액정 화면 앞에 앉아서 글을 쓰는 것은 참으로 편안한 순간이다. 다른 사람을 크게 의식할 필요가 없다. 그냥 죽 써내려가면 된다. 나는 이따금 행복하다고 느낄 때가 많은데, 그런 멋진 순간들 가운데 하나가 글을 쓸 때이다. 두뇌 속의 생각이 글을 쓰기도 하고, 자판을 열심히 치고 있던 손이 글을 쓰는 것 같기도 한 몰입된 상태에서 글을 쓰는 경험을 누구든지 할 수 있다. 액정 화면과 컴퓨터의 등장은 누구든지 시간을 두고 작가 수업을 하도록 만들어주었다. 이런 멋진 기회를 놓치지 않기를 바란다.

그렇게 자연스럽게 올린 서평을 여러분의 컴퓨터 파일에 서평이라는 폴더를 하나 만들어서 차곡차곡 보관해 두는 것이 좋다. 좋은 글을 써야 한다는 욕심을 버리고 수시로 자신이 읽은 책에 대한 단상을 기록해 두는 습관을 갖는다면, 짧은 시간 안에 메시지의 핵심을 파악하고, 자신의 생각을 정리하는 능력을 크게 키울 수 있을 것이다.

그런데 이 같은 능력은 책읽기나 쓰기에만 도움을 주는 데 그치지 않는다. 핵심을 요약하고 여기에다 자신의 생각을 더하는 훈련은 비즈니스를 하는 데도 큰 도움이 될 것이다. 그런데 글을 읽고 정리하여 쓰는 습관의 유용함은 여기서 그치지 않는다. 여러분들이 거두어들이는 수확물 가운데 한 가지는 글을 쓰는 데 따르는 두려움을 벗어던지게 되는 것이다. 이런 경지에 들어가면 여러분들은 더욱 많이 읽게 될 것이다. 그 다음에 자신의 생각이나 경험을 책으로 남기고 싶은 욕구를 갖게 될 것이다.

그 다음 작업은 여러분의 진솔한 삶의 경험들을 기록으로 남기는 일이다. 삶의 발자취를 남기는 일은 그 자체만으로도 의미가 있지만, 개인의 마케팅이라는 면에서도 대단히 중요한 역할을 하게 된다. 앞으로 개인의 브랜드가 점점 중요해지게 되면 자신의 이름으로 자신의 경험을 포장하여 책을 내는 것처럼 효과 있는 일도 드물 것이다. 그렇게 하기 위한 첫걸음은 읽은 책에 대한 서평을 쓰는 것이다.

　일단 여러분의 글쓰기를 온라인 사이트에서부터 시작해 보라. 세상을 살아가는 황금률 가운데 하나는 다른 사람들에게 꾸준히 가치를 제공하는 일이다. 부지런히 읽고 그것은 여러분만 알고 있을 것이 아니라 동시대를 살아가는 사람들에게 '나는 이것을 알았다. 여러분도 이 멋진 사실을 깨우치세요'라고 외치면서 가벼운 글쓰기를 시작해 볼 것을 권하고 싶다. 반드시 몇 배의 이득을 여러분에게 가져다줄 것이다.

↘ **독서가 끝나면 가벼운 글쓰기를 시도한다.**

05 │ 오픈 시스템을 만들어라

모든 시스템에는 수명이 있게 마련이다. 영구불변의 시스템이란 처음부터 존재하지 않는다. 역사를 보면 많은 나라와 조직이 흥망성쇠를 거듭했는데, 그 이면에는 수명이 다한 시스템이 놓여 있는 경우가 많다. 하나의 국가와 조직이 번성할 때는 환경에 잘 맞는 시스템을 갖고 있기 때문일 것이다. 만일 어떤 국가나 조직이 시대에 뒤처진 시스템을 끝까지 고수하기를 원한다면, 번영은 고사하고 생존조차 위협받을 수밖에 없을 것이다.

개인의 경우는 어떨까? 개인의 성공과 실패는 무엇이 결정할까? 행운, 타이밍, 역량 등 여러 가지를 들 수 있을 것이다. 하지만 개인의 경우도 조직과 마찬가지로 시스템으로부터 자유롭지 않을 것이다. 과연 개인에게 시스템이란 어떤 의미를 지니고 있을까? 이제까지 우리가 살아왔던 세상과 앞으로 살아갈 세상이 완전히 달라지고 있음을 알아야 한다. 과거의 기준이 아니라 앞으로 다가올 시대의 기준에 맞추어 시스템 개조라는 관점에서 자신을 되돌아 점검해 봐야 한다.

과거의 시스템은 '폐쇄형 시스템'으로도 그럭저럭 살아갈 수 있었다. 주어진 일을 묵묵히 성실하게 해내는 것만으로 충분하였다. 하지만 이젠 '개방형 시스템'으로 변화해야 한다. 살아남기 위해 필사적으로 정보를 모으거나 창조할 수 있어야 하며, 이를 이용해서 새로운 부가가치를 계속해서 창출할 수 있어야 한다. 특히 지식 근로자들의 경우엔 어떤 일을 하고 있든지 간에 자기 자신이 정보에 대해 '개방형 시스템'으로 활동하고 있는가를 확인해 봐야 한다. 여기서 대단한 독서가이자 집필가이도 한 다치바나의 지적은 시대의 변화에 따라 지식 근로자들의 어떻게 '개방형 시스템'으로 변모해 나가야 할지를 잘 지적하고 있다.

앞으로 다가올 시대에 인간이 살아간다는 것은 '일생 동안 정보의 바다에 빠져, 하나의 정보체로서 정보의 신진대사를 담당해 가면서 정보와 함께 살아가는' 모습일 거라는 생각을 직관적으로 할 수 있다. 마치 고전적으로 인간을 생물학적 가스 교환체라거나, 음식물을 먹고 배설물을 배출하는 영양물 신진대사체라고 말할 수 있듯이, 정보시대의 인간상을 가장 정확하게 묘사한 것은 인간을 끊임없이 정보를 입력하고 출력하는 정보 신진대사체로 보는 것이다.

　인간을 정보 신진대사체로 보는 경우, 풍요로운 인간으로 존재하기 위해 가장 필요한 조건은 정보 시스템의 효율성을 늘리는 것이다. 정보의 입력량을 높여 체내(두뇌 속)에 가능한 한 많은 정보를 저장하는 것(지금까지의 정보 인간에 대한 정의)은 더 이상 의미가 없다. 입력하고 출력하는 정보의 흐름(시스템의 효율성)을 확장시켜 그것을 선별하고, 필요한 정보를 하나하나 찾아내어 이용함으로써 자신을 정보체로 높여 정보 신진대사량, 정보 이용량이 많은 고도의 정보 인간으로 나아가는 것이 중요하다.

　'정보 신진대사체' 혹은 '정보 인간'이라는 다치바나의 지적에 나는 깊이 공감한다. 여러분의 두뇌 속으로 끊임없이 새로운 정보가 흘러 들어가고, 그것이 여러분의 생업을 통해 재가공되어 출력될 수 있어야 한다. 이런 개방형 시스템으로 자기 자신을 바라보기 시작하면, 읽거나 보는 모든 대상을 정보 입력의 과정으로 이해할 수 있게 된다.

　그렇다고 해서 모든 정보가 유용한 것은 아니다. 가치 없는 정보로 부가가치를 만들어낼 수는 없는 일이다. 나의 경험에서 볼 때 독서야말로 부가가치를 창출하는 활동에서 핵심적인 역할을 맡고 있다. 이처럼 시대의 변화에 발맞추어 바람직한 '개방형 시스템'을 만들어내는 데 성공한 사람과 실패한 사람 사이에 명암이 갈릴 수밖에 없다. 누구도 여러분에게 어떤 선택을 하라고 강권할 수는 없다. 이런 정보를 갖고 여러분 스스로가 판단하여 결정하면 된다. 다만 내가 강조해 두고 싶은 점은 세월이 가면 갈수록 책을 읽지 않는 사람이 세상의 변화를 뒤쫓아갈 수 없다는 점이다.

이따금 자신이 하는 일과 책읽기는 별로 상관이 없다고 말하는 사람들을 만나게 된다. 그러나 나는 그렇게 생각하지 않는다. 어떤 일을 하든지 간에 경험만으로는 살아갈 수 없다. 자신의 경험을 체계화하고 조직화하기 위해 다른 수단이 필요하다. 그것은 바로 책을 읽는 있는 일이다. 책만큼 탁월한 수단도 드물 것이다.

어떻게 배울 것인가를 생각하는 사람이라면, 미국 국무부 장관을 지냈던 헨리 키신저가 보스턴대학교 졸업생들을 위해 들려준 '끊임없이 배워라'라는 제목의 축사를 들어보자. 책을 통한 배움과 컴퓨터를 통한 배움의 차이를 이렇게 이야기해 준다.

요즘 같은 세상에 책에서 무언가를 배운다는 것은 많은 시간이 걸리는 일이고, 모든 책을 다 읽는다고 해서 모든 지식을 다 얻을 수 있는 것은 아닙니다. 컴퓨터는 우리 지식의 지평을 놀라울 만큼 확장시켜서 우리는 이전 세대보다 더 많은 정보를 알게 되었습니다. 한편 우리는 이러한 정보를 너무 쉽게 얻기 때문에 그 사실의 의미보다는 사실 자체를 더 많이 알고 있습니다.

　책을 읽을 때는 그 책에 포함된 지식을 어느 정도 머리에 각인시켜야 합니다. 매번 책을 다시 뒤적거리기는 힘들기 때문입니다. 그러나 컴퓨터로 배울 때는 단지 대충 훑어볼 뿐입니다. 언제라도 다시 똑같은 사실을 찾을 수 있다는 것을 알기 때문이지요. 그런데 이런 일이 역설적인 결과를 초래했습니다. 즉 우리의 지식은 확장되었지만, 우리의 관점은 축소되었다는 것입니다.

↘ **책을 통한 배움과 컴퓨터를 통한 배움의 차이를 주목하자.**

06 | 독서법도 개선의 대상이다

누구든 사람에겐 향상심(向上心)이 있어야 한다. 스스로 어떤 것이 부족하다고 여기면 그 분야에서 앞서가는 사람들한테서 배우면 된다. 오늘날처럼 정보가 풍족한 시대에는 무엇이든지 타인의 경험과 지식을 통해서 배울 수 있어야 한다.

효과적으로 독서하는 방법도 나름대로 체계화해야 한다. 우선 기존에 나온 많은 책들이 학자들이 쓴 책이기 때문에 바쁜 와중에서 정보를 입수하고 재창조해야 하는 사람들에게는 어렵고 거리가 있는 것이 사실이다. 나는 이 책을 쓰기 이전에 약 40여 권의 독서에 관한 책들을 총망라해서 읽었다. 그러면서 내가 처음에 이 책을 쓰기 전에 추측하였던 점과 거의 비슷한 것을 발견할 수 있었다. 다시 말하면 대부분의 독서법이 독서 자체를 가르치는 교사나 교수, 그리고 전문적으로 책을 읽는 사람들에 의해 집필되었다.

비즈니스 현장에서 바쁘게 사는 사람들의 입장에서 독서를 통해 정보를 입력하고 재창조하는 방법에 대해 써놓은 책을 찾기는 어려웠다. 나는 내 자신을 '지적인 사업가'라고 정의하고 있기 때문에 비즈니스 현장을 뛰고 있는 사람들만큼 바쁘고, 그들만큼 아이디어와 지식을 찾는 데 열심이기 때문에 나의 전문적인 지식과 경험을 갖고 실용독서법에 대해 책을 집필하는 일이 충분히 가치가 있는 일이라고 판단하였다.

내가 이 책에서 제시한 방법들이 여러분의 실용독서 기술을 향상시키는 데 어느 정도 도움이 되리라 확신한다. 하지만 결코 특정인의 방법을 금지옥엽(金枝玉葉)처럼 여긴 채 그것을 맹목적으로 따를 필요가 없다는 점을 반드시 지적해 두고 싶다. 이 방법을 참고로 해서 여러분만의 독특한 독서법을 습관으로 만들어내기 위해 노력해야 하는 것이다.

이때 좋은 방법은 현재 여러분의 독서법과 이 책을 비교해 보고 받아들일 필요가 있는 것을 적극적으로 받아들이는 것이다. 받아들여야 될 것을 카드에 메모해서 책갈피로 이용하는 방법도 생각해 볼 수 있다. 예를 들어 이 책에서 받아들일 수 있는 것이 15가지라고 하면 좁고 긴 메모장에 하나, 둘, 셋의 순서로 또박또박 정리한 다음 책갈피로 활용하면 된다.

책을 읽을 때마다 틈틈이 이용하게 되면 그 내용에 맞추어서 여러분의 독서 습관을 개선해 나갈 수 있을 것이다. 하지만 그냥 그 수준에 머물지 말고 더 나은 방법을 찾아 계속 전진해 나가기를 바란다. 괜찮은 다른 저자들의 책도 읽으면서 자신의 방법을 끊임없이 개선하고 혁신해 보라.

1. 다치바나 다카시, 《나는 이런 책을 읽어왔다》, 청어람 미디어

읽는 것과 쓰는 것에 대해 쉬운 문체로 저자의 경험에서 우러나오는 이야기를 정리한 책이다. 분주한 사람들을 위한 독서 기술에 대해 경청할 만한 좋은 내용을 담고 있다.

2. 모티머 J. 애들러/찰스 반 도렌, 《생각을 넓혀주는 독서법》, 멘토

본격적인 책읽기를 다룬 독서법에 대한 고전이다. 하지만 책의 내용이 어렵고 학술적이기 때문에 실용독서를 주로 하는 사람들은 중요 부분만을 뽑아서 읽는 것으로 충분하다.

3. 스티븐 킹, 《유혹하는 글쓰기》, 김영사

세계적인 베스트셀러 작가의 글쓰기에 대한 책이다. 읽는 것과 쓰는 것은 동전의 양면과 같은 것이다. 독서에 대한 저자의 경험과 지혜, 게다가 즐거움까지 듬뿍 얻을 수 있다.

4. 앤 페디먼, 《서재 결혼 시키기》, 지호

책읽기와 관련된 신변잡기를 모은 책이다. 그럼에도 불구하고 짧은 수필 속에서 책읽기의 쾌락과 즐거움, 그리고 요령에 대해 배움을 청할 수 있는 유쾌한 책이다.

5. 정을병, 《독서와 이노베이션》, 청어

많은 작품을 쓴 저자의 독서에 대한 견해, 방법, 그리고 필요성을 강조한 글이다. 내용이 쉽게 때문에 가볍게 읽을 수 있고, 내용 중에 새겨 둘 만한 부분이 많다.

6. 이권우, 《각주와 이크의 책읽기》, 한국출판마케팅연구소

출판평론가인 저자의 책읽기에 대한 단상을 정리해 둔 책이다. 전반부에서 독서법에 대해 귀한 정보를 구할 수 있고, 후반부에선 감동적으로 읽었던 여러 책을 소개하고 있다.

7. 표정훈, 《책은 나름의 운명을 지닌다》, 궁리

출판평론가의 책읽기에 대한 단상을 정리한 에세이다. 독서와 관련된 의미 있는 글들을 담고 있다. 그의 글은 독서에 대한 확신, 필요성, 유용함, 그리고 즐거움을 확신시켜 줄 것이다.

↘ **나만의 독서법을 계발한다.**

07 | 독서의 지평을 확대하라

평소에 알고 지내던 30대의 사원과 대화를 나눌 기회가 있었다. 그는 꽤 규모 있는 기업에서 교육을 담당하고 있는데, 입사한 지 5년째이고 아직은 미혼이다. 그는 누구보다도 자신의 미래에 대해 걱정도 하고 준비도 하는 스타일의 인물이다. 그는 주변에서 역할 모델을 찾아 그 사람을 연구하기도 하고, 주말을 쪼개 자신을 위해 투자하는 데도 인색하지 않은 인물이다.

그는 현재 교육 부분의 일을 하고 있지만, 공연 기획 쪽에 탤런트가 있음을 일찍부터 알아차리게 되었다고 한다. 그래서 윗사람의 동의를 얻어 지난해에는 공연예술을 다루는 최고경영자 과정을 이수할 정도로 열심이었다. 게다가 그는 주말도 쪼개 쓰면서 견문을 넓히기 위해 무척 노력해 왔다고 말한다.

그런데 그가 나에게 털어놓은 내용은 이런 것이다.

"처음에는 내가 직장 내에서 맡고 있는 교육 부문과 내가 좋아하는 공연예술 기획 부분 사이에 무슨 연관 관계가 있을까 생각하였습니다. 그런데 야간에 시간을 내서 공연예술 기획을 배우는 동안 정말 많은 것을 얻었을 수 있었습니다. 그런데 놀랍게도 그곳에서 배운 내용이 교육을 진행하거나 기획을 하는 데 무척 도움이 된다는 사실입니다. 그래서 앞으로도 계속 배워볼 작정입니다. 이 점을 상사도 이해하고 도와주십니다."

나는 그와 이야기를 나누면서 우선 내가 그 직원에게 하나의 역할 모델이 되고 있다는 점에서 책임감을 느끼게 되었다. 그런데 더욱 매력적인 부분은 '그가 아주 판이하게 다른 것처럼 보이는 경험과 지식들이 비즈니스 세계에서는 융합되어 새로운 지식으로 거듭날 수 있다는 사실을 깨우친 점'을 들고 싶다.

당장 눈앞의 이익이 되지 않더라도 폭넓게 읽어야 한다. 그러면 그런 정보와 지식들은 틀림없이 여러분들의 업무나 사업에 크게 도움이 될 것이다. 나는 그동안의 체험을 통해서 이런 사실에 강한 확신을 갖고 있다. 학교에서는 모든 것을 벽으로 만든다. 그래서 전공과목이란 울타리를 만들고, 그것으로부터 벗어나려고 하지 않는다. 직장 생활을 시작하고 나서도 많은 사람들이 이런 고정관념이나 선입견으로부터 크게 벗어나지 않는다.

하지만 비즈니스 세계란 한마디로 융합의 세계이다. 울타리를 치고 이것은 당신 분야, 저것은 내 분야라는 것이 거의 의미가 없다. 그것은 학자의 세계에나 가능한 이야기이다. 학자들이 흔히 사용하는 '다른 조건이 일정하다면……' 하에서 가능한 말이다. 사업 세계에서 다양한 분야에 대한 이해와 정보를 가지면 가질수록, 기회를 포착하고 사업 아이디어를 만들어서 성공에 이를 가능성은 한층 높아지게 될 것이다.

얼마 전에 마크 파버의 《내일의 금맥(Tomorrow's Gold)》이라는 책을 읽었다. 그는 홍콩에 본부를 둔 펀드 운용 및 투자자문 회사 마크파버 리미티드의 창립자 겸 회장인 인물이다. 그는 아시아 지역을 비롯한 신흥 시장 투자에 관한 한 최고 수준의 전문가로 꼽히는 인물인데, 대단한 통찰력과 안목을 갖고 있고 세계경제가 돌아가는 메커니즘의 전모를 꿰뚫고 있었다. 나는 그의 책을 읽으면서 이 책을 읽은 사람과 그렇지 않은 사람 사이에는 차이가 날 수 있겠구나 하고 생각하지 않을 수 없었다.

그의 통찰력과 안목에는 역시 인간에 대한 폭넓은 이해가 바탕이 되고 있었다.

"1990년대 초반까지만 해도 투자자들은 미국 시장보다 아시아 신흥시장에 더 많은 돈을 투자했다. 그러나 경제 역사에 대한 무지에 따른 결과는 참담했다. 1990년대 말 금융위기를 겪으면서 아시아의 부는 제2차 세계대전 이래 보지 못했던 규모로 처절히 파괴됐고, 아시아에 투자한 사람들은 엄청난 손실을 보았다.

나는 개인적으로 경제사와 금융사에 관심이 많아서, 오래 전부터 이들 분야의 신간 서적 초판을 수집해 왔다. 오래된 책이 쓰여질 당시의 사람들이 그때 일어난 대사건을 어떻게 보았는지를 알게 되면, 오늘날 일어나는 사건들을 어떻게 보아야 하는지에 대해서도 통찰력을 얻을 수 있다. 장서량이 너무 많아지면서 최근에는 경기변동에 관한 책들을 집중적으로 사모으고 있다."

물론 그처럼 우리 모두가 장서를 사모으고, 해박한 지식의 소유자가 될 수는 없는 일이다. 그럴 만한 시간도 없고 여유도 없다. 하지만 마크 파버가 주는 교훈은 명료하다. 사업 세계에서의 성공이란 결국 인간, 혹은 고객에 대한 이해와 밀접하게 연결되어 있다. 출중한 사업가란 고객을 남보다 먼저, 정확하게 읽어낼 수 있었던 사람들이다. 누구든지 인간의 욕망, 심성, 습관, 시행 착오의 역사 등을 좀더 정확하게 알 수 있다면 사업 세계에서 큰 성공을 거둘 수 있다.

내가 스스로 독서의 지평을 확대해 오면서 갖게 된 믿음은 뚜렷하다. '사업 세계에서 독서란 고객에 대한 이해와 시장에 대한 이해로 통한다'는 점이다. 고객에 대한 이해와 시장에 대한 이해의 정도를 높이는 독서라면 그것의 장르가 무엇이든지 간에 투자할 만한 충분한 가치가 있다. 독서의 초점을 시장과 고객에게 정확하게 조준해 보라. 여러분에게 분야란 별로 의미가 없음을 깨우치게 될 것이다. 역사학자 윌 듀렌트의 저서 《역사의 교훈》에는 이런 이야기가 실려 있다.

"역사를 돌이켜보면 사람의 형태는 별로 변화가 없다. 플라톤이 살던 시대의 그리스인들의 행동이나 근대 프랑스인들의 행동에 별 차이가 없다. 산업화 시대의 영국 사람들도 고대 로마인들과 비슷하다. 수단과 방법은 바뀌었지만 동기와 목적은 그대로다. 일할까 쉴까, 빼앗을까 나눌까, 싸울까 화해할까, 남들과 같이 할까 혼자 할까, 친구로 삼을까 모른 체할까, 보살펴줄까 내칠까를 고민하는 것은 똑같다. 서로 다른 계급에 속한 사람들도 본성은 같다. 가난한 사람도 부자와 같은 욕망을 갖고 산다. 단지 그들은 그런 욕망을 실현할 기회가 적거나 능력이 부족할 뿐이다. 성공한 혁명가가 그토록 자신이 비난했던 사람들을 곧바로 닮아간 사례는 역사에서 얼마든지 찾아낼 수 있다."

인간 세계에서 일어나는 일들 가운데 하늘 아래 새로운 것이란 거의 없다. 그래서 우리는 독서를 통해 더욱더 좁은 시계와 영역을 과감하게 확장해 나가야 한다. 인간은 읽는 것만큼 볼 수 있고, 알 수 있고, 그리고 기회를 잡을 수 있다.

◥ **비즈니스 독서는 시장에 대한 이해로 통하는 지름길이다.**

옛사람들의 독서법

1. 독서는 배우는 사람의 두 번째 일이며, 첫 번째 일은 책 읽기의 목적이다.

   "'첫 번째 일'이란 스스로 사람다운 사람이 되는 것이다. 즉 자기가 본래 갖고 있는 본성을 찾기 위해서는, 혹은 자신의 존재 이유를 알기 위해서는 먼저 자신의 삿됨을 죽여야 한다.(23쪽)"

2. 독서는 완벽함을 추구해야 한다.

   "대체로 책을 볼 때는 보고 또 보며, 단락과 구절 그리고 글자에 따라 차례대로 이해해야 한다. 나아가 여러 해설과 주석을 참고해서 가르침이 철저하고 완벽하게 이해되고, 그래서 도리와 자신의 마음이 서로 수긍되게 해야 한다. 독서는 자신의 도리를 투철하게 하나로 받아들이려는 행위이다.(31쪽)"

3. 독서는 엄격한 수행의 길이다.

   "대문을 빗장질하고 지게문을 닫아걸어 사방을 차단하는 것, 이것이 바로 독서할 때이다.(49쪽)"

4. 독서는 사생결단으로 하듯이 해야 한다.

"글을 볼 때는 모름지기 정신을 바짝 차리고 보아야 한다. 정신을 똑바로 차리고 몸을 똑바로 세우되, 너무 피곤하게 만들 필요는 없지만 마치 칼이 등 뒤에 있는 것처럼 해야 한다."(54쪽)

"모름지기 한 번 때렸으면 한 줄기 흔적이 남아야 하고, 한 번 쳤으면 한 움큼 피가 묻어나야 한다. 남의 글을 볼 때도 마땅히 이와 같이 해야 하니, 어찌 글을 소홀히 볼 수 있겠는가?"(58쪽)

5. 독서는 미련할 만큼 반복해야 한다.

"무릇 사람이 열 번을 읽고도 이해되지 않으면 스무 번을 읽고, 다시 이해되지 않으면 서른 번을 읽고, 그렇게 쉰 번까지 이르면 모름지기 이해되는 순간이 있게 된다. 쉰 번에도 깜깜하게 이해되지 않는다면 자질이 좋지 않은 것이다. 그런데 요즘 사람들은 열 번도 읽어보지 않고 이해할 수 없는 글이라고 말한다.(102쪽)"

6. 독서는 선입견을 없애고 해야 한다.

"마음을 풀어놓고 그의 주장을 기준으로 그의 주장을 보고, 사물을 기준으로 사물을 보아야지, 자신을 기준으로 사물을 보지 않아야 한다.(200쪽)"

"독서는 마치 사람의 일을 묻는 것과 같다. 그 일을 알고 싶으면 모름지기 그 사람에게 물어야 한다. 지금은 도리어 그 사람에게 묻지 않고, 단지 자신의 생각으로 헤아려서 '반드시 이럴 것이다' 라고 말한다.(239쪽)"

—출처 : 송주복, 《주자서당은 어떻게 글을 배웠나》*
* 주자학의 핵심인 '주자어류' 가운데 독서법을 다룬
10권과 11권을 옮기고 풀어쓴 책

PART 5

실용독서 활용법

월마트의 창업자 샘 월튼은 '나의 지식 대부분은 독서를 통해 나온 것이다'라고 말한 적이 있다. 샘은 남이 쓴 죽어 있는 지식을 자신의 사상과 혼합하여 온전한 자기 것으로 만들었던 것이다. 그만큼 샘에게는 지식에 생기를 불어넣는 장기가 있었다.

― 잭 칼

OI | 병렬적으로 프로젝트를 추진한다

수많은 정보가 책 속에 들어 있다. 어떤 정보가 들어 있는지, 그리고 그것을 어떻게 이용할지, 이 모든 것은 여러분 자신에게 달려 있다. 그래서 나는 이따금 책을 읽을 때마다 책이란 객관적인 대상을 읽기보다 그 안에서 나 자신을 읽고 있다는 생각을 가질 때가 많다. 독서란 자기 자신을 읽고 확인하는 작업의 성격이 강하기 때문에 우선 스스로 준비되어 있지 않으면 별로 효과를 거둘 수 없다. 그러니까 '준비된 마음 상태'를 지니고 있느냐에 따라서 독서의 질과 양은 크게 달라진다.

역설적이긴 하지만 자신의 삶에 대한 욕심이 많고 분주하게 살아가는 사람일수록 오히려 책을 많이 읽는다. 때문에 '시간이 없어서 책을 읽을 수 없다'는 말은 한갓 변명에 지나지 않는다. 본인이 추구하는 '그 무엇'을 갖고 있으면 자연히 책을 가까이

하게 되고, 책을 읽는 빈도도 높아지게 된다.

책 한 권 한 권을 목표의식을 갖고 읽는 것도 중요하다. 이를 미시적(micro)인 목표라고 하는데 독서 자체에 대해 방향을 제시하는 거시적(macro)적인 목표도 있어야 한다. 그것은 무엇일까? 여러분의 직장, 사업, 생활에서 절실하게 구하는 질문이 있어야 한다. 다시 말하면 평소에 반드시 해결하고 싶은 과제를 갖고 있어야 한다. 해결해야 할 과제들이 체계적으로 정리되어 있지 않으면, 자연히 책읽기도 시들해질 수밖에 없다. 주변을 둘러보라. 책읽기를 등한히 하는 사람은 지적 욕구가 적은 사람들일 것이다. 그리고 그들은 대부분 뚜렷한 목적 의식을 갖고 살아가는 경우가 드물 것이다.

그래서 나는 여러분에게 평소에 틈틈이 현업에서 해결해야 할 중대한 과제나 사업화 가능한 아이디어를 체계적으로 정리해 두는 습관을 가지라고 권하고 싶다. 이처럼 스스로 무엇을 해결해야 할 것인가에 대한 목적을 뚜렷이 정리하는 과정에서 두뇌는 스스로 문제 해결에 대한 프로젝트 수행을 명령받게 된다. 문제 해결을 위해 이따금 과제를 생각하는 것도 괜찮겠지만, 좀더 강력하게 자신에게 명령 수행을 지시할 필요가 있다. 가장 좋은 방법은 해결해야 할 현안 과제나 한 단계 더 발전시켜야 할 아이디어를 일정한 곳에 정리해서 보관해 두는 것이다.

요즘은 노트북을 사용하는 사람들이 많기 때문에 손쉽게 접근할 수 있도록 배경 화면에 아이디어 정리 파일을 만드는 것도 괜찮은 방법이다. 첫째, 둘째, 셋째의 순서로 날짜와 구체적인 해결 과제의 내용을 차근차근 정리해 두면 된다. 노트북 사용에 익숙하지 않은 사람이라면 조그만 노트를 준비해서 같은 작업을 해도 된다.

최근에 주어진 현안 과제일수록 먼저 볼 수 있도록 하라. 틈틈이 파일이나 노트를 확인하면서 자신의 현안 과제를 기억 속에 재생시킬 필요가 있다. 인간은 여러 개의 프로젝트를 동시에 병렬적으로 검토할 수 있다. 여러분이 어떤 일을 하고 있든지 간에 아이디어를 발전시키고, 고객의 필요를 파악해서 새로운 상품을 만들어 시장에 낸다는 점에서 거의 비슷할 것이다.

때문에 나의 경험이 도움이 될 수도 있을 것이다. 나는 책을 통해서 얻은 정보, 관찰이나 경청을 통해서 얻은 정보, 혹은 떠오른 생각 등을 차근차근 정리해서 얻어낸 과제를 노트북에 차곡차곡 정리해 둔다. 자주 그 프로젝트 명을 보면서 이따금 문제 해결을 위해 틈틈이 생각할 때가 있지만, 심각하게 하나에 몰두하지는 않는다. 대개 5~6개 정도의 프로젝트들이 항상 나와 함께 다닌다고 할 수 있다. 그러니까 마음만 먹으면 5~6개 정도의 다른 주제에 대한 책을 쓸 준비가 언제나 되어 있다.

내가 이런 프로젝트들을 병렬로 처리하면서 깨우치게 된 사실은 대다수의 프로젝트에 대한 구상이나, 자료를 모으는 과정이나, 잠시 생각을 하는 것 모두 잠재의식 속에서 진행된다는 점이다. 각각의 프로젝트가 다르기 때문에 충돌하는 경우는 거의 없다. 오히려 다른 주제들 때문에 생활에 변화를 준다는 점에서 긍정적인 면이 많다.

물론 책을 쓸 때는 두 가지 책을 동시에 쓸 수 없다. 한 가지 책을 마무리하기 위해서 의식을 집중해야 하고, 긴장을 유지하면서 계속 써야 하기 때문에 이 책 저 책을 동시에 진행하는 것은 무척 어렵다. 그러나 한 권에 집중력을 유지하고 집필할 수 있기 때문에 다른 작가들에 비해 책을 마무리하는 시간은 짧다.

그러나 책을 쓰는 와중에서 강연, 기고, 방송 등 다양한 활동을 동시에 진행해야 한다. 하지만 항상 잠재의식의 한켠에는 주어진 문제들이 머물고 있기 때문에 언제, 어디서, 어떤 활동을 하든지 간에 그것에 필요한 해답을 구하는 일이 계속 진행되고 있는 셈이다.

아마도 이처럼 거시적인 목적을 염두에 두고 생활한다면, 독서는 훨씬 박진감 있게 진행될 것이다. 그리고 책읽기를 통해 여러분은 항상 실질에 도움이 되는 정보를 구하는 데 여념이 없을 것이다. 그리고 분명히 그곳에서 도움을 받게 될 것이다. 도움을 받게 되면 여러분들은 추가 투자에 대한 필요성을 더욱 강하게 느끼게 될 것이다.

요컨대 여러분은 항상 독서를 통해 정보를 받아들일 준비가 되어 있어야 하고, 이를 위해서 필요한 작업은 해결해야 할 과제나 프로젝트를 체계적으로 정리해 두어야 한다.

☑ **프로젝트로 파일화하고 독서와 연결 짓는다.**

O2 | '우연히 발견하는 능력'을 키운다

독서는 두뇌 속에 지적 인프라를 구축하는 작업이다. 탄탄한 지적 인프라는 앞을 내다보는 힘을 키우고, 기회를 포착하고, 그것을 이용하는 능력을 성장시키게 한다. 마치 잘 닦여진 도로망 위로 자동차들이 자유롭게 다닐 수 있는 것처럼, 지적 인프라 위로 질주하듯이 멋진 아이디어들이 쉬임없이 만들어지게 된다.

특히 전문 분야를 뛰어넘어 다양한 독서를 하게 되면, 독서의 지평이 넓혀지는 것만큼 지적 인프라의 영역도 확장된다. 그래서 사람은 아는 것만큼, 읽는 것만큼 생각할 수 있고, 기회를 잡을 수 있고, 이용할 수 있게 된다.

나는 이따금 신기한 경험을 자주 한다. 우연히 아이디어를 떠올리는 그런 경험이다. 산책중에, 조깅중에, 샤워중에, 휴식을 취하는 중에, 대화를 나누는 중에, 관찰하는 중에, 사업화가 가능한 아이디어가 두뇌의 저 깊은 곳으로부터 살며시 고개를 내미는 경험을 말한다. 이런 아이디어는 의식 세계에 머무는 기간이 아주 짧기 때문에 서둘러 메모 등으로 흔적을 남기지 않으면 쉽게 사라져 버리게 된다. 전문가들은 이런 능력을 '우연히 발견하는 능력(serendipity)' 이라 부른다.

정확히 사업 아이디어 가운데 몇 퍼센트 정도가 '우연히 발견하는 능력' 에 의한 것인지를 확인할 수는 없다. 다만 나의 경우에는 이런 능력이 차지하는 비중이 매우 높다는 점만은 분명하다. 이런 능력은 그냥 생겨나는 것인가? 나는 '그렇다' 고 생각하지 않는다. 이런 능력을 확장된 두뇌 처리 능력이 가진 대단히 불가사의한 일 가운데 하나라고 생각한다. 창조성이나 창의성의 중요한 부분 가운데 하나일 것이다.

성공을 원하는 사람이라면, 당연히 이 같은 능력을 어떻게 발전시킬 수 있을 것인가에 대해 생각해야 한다. 여기서도 '투자 없이는 이익은 없다' 는 진리가 통한다. 자신의 지적 인프라를 확장시키는 프로젝트를 꾸준히 추진해 온 사람과 그렇지 않은 사람들 사이에는 상당한 차이가 있을 수밖에 없다.

폭넓은 분야에 대한 지속적인 독서가 여러분의 지적 인프라를 확충하고 동시에 '우연히 발견하는 능력' 도 강화시켜 줄 것이다. 물론 독서 이외에 다른 방법으로 이 같은 능력을 발전시킬 수도 있지만, 가장 중요한 방법 가운데 하나임에 틀림이 없다.

이런 개인적인 체험과 신념 때문에 나는 책읽기를 더욱 열심히 하고 있다.

그러니까 일종의 투자를 하고 있는 셈이다. 나는 책읽기가 주는 이익이 즐거움이나 유쾌함에 그치고 말았다면, 지금처럼 열심히 읽는 일을 하였을까 생각해 보게 된다. 답은 그다지 긍정적이지 않다. 사실 많은 책을 읽고 나서도 당장 기억할 수 있는 것은 얼마 되지 않는다. 그럼에도 불구하고 꾸준히 읽기를 계속하는 것은 중요한 정보들이 지적 인프라를 확충하는 데 사용되고, 훗날 '우연히 발견하는 능력'을 확인하게 해주기 때문이다. 이따금 바쁜 일정 때문에 책읽기를 일정 기간 동안 뜸하게 하는 경우에는 그런 능력들이 떨어지는 것을 직감적으로 느낄 수 있다. 그래서 나는 매일매일 두뇌에 길을 닦는 계속하고 있다.

랠프 왈도 에머슨의 말처럼, "책을 읽는다는 것은 많은 경우, 자신의 미래를 만든다는 것과 같은 뜻이다"를 반드시 기억해 두기 바란다.

◥ 폭넓은 분야의 독서로 '우연히 발견하는 능력'을 키운다.

03 | 아이디어를 생산한다

신상품과 신기술은 아이디어에서 나온다. 멋진 아이디어를 상품화해서 시장을 선점할 수 있다면 정말 대단한 일이다. 여러분은 아이디어를 어떻게 생산하는가? 이번 기회에 평소에 아이디어를 어떻게 생산하는가를 정리해 보는 것도 의미가 있을 것이다. 여러분은 매순간 의식하건, 의식하지 못하건 간에 많은 생각을 머리 속에 떠올리게 될 것이다. 이들 가운데 일부는 의식할 수 있지만, 대부분은 의식하지 못한 채 잠재의식 속으로 사라져 버리게 된다.

이처럼 떠올랐다가 사라져 버리는 아이디어 가운데 건질 만한 가치가 있는 것이 많은데, 이것을 효과적으로 잡아낼 수 있는 방법은 어떤 것이 있을까? 독서가 한 가지 방법이다. 그래서 영국의 작가 찰스 램은 "나는 걷지 않을 때는 책을 읽는다. 책들이 나를 대신해서 생각해 주기 때문이다"고 말한 적이 있다.

　책은 읽지 않았다면 무심코 흘려보내 버렸을 아이디어를 붙잡는 데 도움을 준다. 뿐만 아니라 읽지 않았다면 생각조차 할 수 없었던 아이디어를 책을 보면서 생각해 낼 수 있다. 책읽기가 가진 즐거움과 유용성은 아이디어를 생산한다는 점이다.

　내가 하는 사업은 지식사업이다. 항상 아이디어를 구하고 그것을 가공해서 지식 상품으로 만들어내야 한다. 때문에 나의 핵심 경쟁력 가운데 하나는 아이디어를 만들어내는 능력이다. 여러분들도 마찬가지이겠지만, 나는 언제, 어디서나 아이디어를 찾고 구한다. 여러 가지 소스로부터 아이디어를 구하는데, 그냥 얻어지는 것은 거의 없다. 중요한 소스 가운데 하나는 다른 사람의 책이나 기고 등을 읽으면서 한 문장, 한 단어, 한 단락에서 살며시 아이디어를 떠올릴 때가 많다. 아이디어를 만들 만한 문장이나 단어를 만날 때면 나도 모르게 동공(瞳孔)이 확대되면서 특정 단어나 문장에 시선이 머문다. 동시에 머리 속에는 '이런 아이디어는 어떨까?' '이렇게 이용하면 대단할 것 같은데' 라는 생각이 스쳐 지나간다. 이때 펜으로 메모를 하거나, 포스트잇을 붙여놓고 다음 장으로 넘어간다.

　솔직히 책읽기를 통해 아이디어를 만들어낼 수 없다면, 내가 책읽기를 이렇게 열심히 할까? 그렇게 확신이 서지 않는다. 나처럼 실용과 실질을 중시하는 사람에게는 아이디어를 잡아낼 수 없는 책읽기는 시간을 죽이는 것과 다름없다. 경제학의 기본 원칙 가운데 첫 번째는 '인센티브는 중요하다(Incentive matters)'는 것이 있다. 책이 나를 대신해서 만들어주는 아이디어 만들기는 책읽기에 강력한 동기를 부여한다.

《아침형 인간》이 선풍적인 인기를 끈 적이 있다. 원래 그 아이디는 2002년 2월에 나온 가재산의 《성공을 위한 굿모닝 전략》이라는 책에 잘 소개되어 있다. 나는 이 책을 2001년 겨울에 읽었던 적이 있는데, 이 책의 10장은 '고요한 아침의 나라'에 대해, 11장은 '야행 인간과 아침형 인간'에 대해 다루고 있다. 전형적인 아침형 인간 사례로 빌 게이츠가, 전형적인 야행 인간으로 아돌프 히틀러가 등장한다. 이 책의 읽으면서 나는 210페이지에 '아침형 인간 대 저녁형 인간'이란 메모를 남기고 구체적인 집필 계획을 세웠던 적이 있다. 물론 다른 작업 때문에 우선순위에서 계속해서 뒤로 미루었고 그 결과 타이밍을 놓치고 말았지만 말이다.

이미 필자 자신이 아침형 인간의 전형적인 삶을 살아왔기 때문에 잠재의식에 있는 많은 아이디어 가운데 한 가지가 아침형 인간이었을 것이다. 그런데 비로소 책을 가재산의 책을 읽으면서 '아침형 인간'이란 구체적인 아이디어를 떠올리고 집필까지 계획할 수 있었다. 마치 권총이 총알이 장전되어 있다고 하더라도 방아쇠를 당기지 않으면 발사되지 않는 것과 같다.

책이란 권총의 방아쇠와 같은 역할을 하게 된다. 그냥 두뇌의 언저리를 맴돌던 아이디어를 구체화시키는 데 독서가 중요한 역할을 하게 된다. 만일 적당한 책을, 적절한 시점에 읽지 않았다면, 그런 아이디어를 실천에 옮길 결심을 하지 못하였을 것이다. 그 책만이 아니라 거의 대부분의 책들이 그런 기회를 제공한다.

어떨 때는 독서를 하는 과정 중에 특정 대목을 읽으면서 이런 아이디어를 집필로 연결하면 괜찮겠다 정도로 생각하고 넘어간다. 얼마간의 시간이 지난 다음에 불현듯 그 아이디어를 구체화시키는 것이 좋겠다는 생각이 들 때도 있다. 많은 예술가나 과학자, 그리고 사업가들이 널리 사용해 왔던 방법, 즉 '처음의 노력 후에는 배양하고 쉬는 시간이 필요하다'는 사실이 아이디어를 생산하는 데 유익한 방법으로 사용되기도 한다.

한 가지 엉뚱한 사례를 들어보자. 한번은 마케팅 트렌드를 전망하는 데 일가를 이룬 샘 힐의 책을 읽던 중에 미래의 트렌드 가운데 하나로 '끝없이 이어지는 교통 체증'에 대한 부분이 있다. 그런 트렌드가 미래에 어떤 기회를 제공할 것인가에 대해 저자는 이런 이야기를 늘어놓는다.

기업 : 더 빠르고 더 부드러운 교통 흐름을 가능케 하는 데 큰 기회들이 있다. 이를 테면 요금소에서 더 빠른 통과를 가능케 하는 패스 같은 것이다. 이를 한 단계 더 발전시키면, 아예 도로 자

체에 신속 통과 차로를 설치하는 것도 가능하다. 아직까지는 '특별 차로'에 대한 대중의 반발이 거세지만, 시간이 지나면 이 또한 수그러들 것이다. 예를 들면 사람들은 아메리칸 에어라인 이 일등석 승객에게 빠른 보안 검색 서비스를 제공하는 것에 대 해 크게 반발하지 않았다. 그렇다면 일등석 도로도 가능하지 않 을까? 이제는 사람들이 돈보다도 시간을 더욱 소중하게 생각할 것이기 때문이다. 통근자에게 잃어버린 시간을 되돌려주는 데 자원을 투자하는 기업을 찾아보라.

이 대목을 읽으면서 나는 서울시장이 추진하는 각종 교통 대 책 등을 머리 속에 떠올렸다. 그리고 그 책을 읽기 얼마 전에 라 디오에서 들었던 상습 정체 지역에 교통 흐름을 원활하게 하는 구상을 실천에 옮길 계획이라는 뉴스가 갑자기 떠올랐다. 나는 책의 한켠에 이런 메모를 남겼다. '정치가에겐 엄청난 대박의 기회!!!' '이명박 씨의 구상' 등과 같은 메모 말이다.

어떤 책을 읽더라도 책은 큰 아이디어, 작은 아이디어를 끊임 없이 생산해 낸다. 일부는 상품화되지만, 대부분은 훗날의 상품 화를 위해 대기중 상태에 들어가게 된다.

◲ 언제, 어디서나 아이디어를 찾고 구한다.

04 | 고객을 읽는다

'고객으로 하여금 스스로 지갑을 열도록 만드는 능력.' 이것이
야말로 자본주의에서 성공적으로 삶을 일구어가는 사람들이 반
드시 지녀야 할 능력 가운데 하나이다. 지식이건, 상품이건, 서
비스이건 간에 일단은 팔려야 한다. 무엇이든 팔기를 원한다면,
고객이 무엇을 원하는지를 정확하게 집어낼 수 있어야 한다. 남
보다 먼저 고객을 욕구를 읽어낼 수 있다면 확실한 성공이 보장
된다.

　예전에는 일반 직장인에게 고객을 읽는 안목이 중요하기는 하
지만 그다지 심각한 주제는 아니었다. 그러나 직접 자신의 두뇌
를 이용해서 생계를 해결할 때 고객을 읽는 능력은 필수적인 것
가운데도 최상위에 놓이게 되었다. 그런데 이 능력이 그냥 자동
적으로 주어지는 것은 아니다.

어느 날부터 '고객을 읽자' 라는 결심만으로 가능한 일이 아니다. 평소에 미래를 내다보고, 소비자의 욕구가 어떻게 변화해 가는지에 대해 관심을 갖고 지켜봐야 한다. 그리고 소비자의 그런 변화들이 자신과 직업 세계에 어떤 영향을 미치게 될지에 대해 주의를 집중해야 한다.

여러분은 어떤 방법으로 고객을 읽기 위해 노력하고 있는가? 치열하게 한 업계에서 뛰어온 사람이라면 나름대로 업을 보는 예리한 직관과 통찰력을 갖추고 있을 것이다. 그들이 여기에다 자신의 업을 넘어서는 부분까지 아우를 수 있다면 앞을 내다본다는 점에서 막강한 능력을 소유하게 될 것이다.

읽는 것처럼 중요한 것은 없다. 신문이건, 잡지건, 책이건 간에 각각의 전문가들이 고객의 변화, 미래의 변화에 대해 언급한 부분이 있으면 착실히 읽어야 한다. 그런 과정에서 예리한 미래 예견 능력을 키울 수 있다. 그러나 명심해야 할 점은 일반적인 트렌드를 예견하는 것도 필요하지만, 앞을 내다보는 능력은 궁극적으로 자신의 문제로 귀결되어야 한다. 이런 저런 변화들이 내가 지금 하고 있는 일이나 내 자신과 관련해 어떤 의미가 있는지를 찾을 수 있어야 한다.

이 글을 한참 준비하고 있는 동안, 잠시 머리를 식힐 겸해서 한 중앙지를 읽게 되었다. 기사를 죽 훑어가는 가운데 정보과학난에 'IT 모든 것, 휴대 전화에 있소이다' 라는 기사가 실렸다.

기사 중에 이런 내용이 눈에 들어왔다.

"1986년 아날로그 휴대 전화가 도입된 이후 20여 년 만에 휴대 전화는 잠잘 때를 빼놓고는 항상 지녀야 할 휴대품이 되었다, 그러나 전문가들은 휴대전화의 진화는 이제 시작이라고 말한다. 휴대전화에 PC, 캠코더, 카메라, TV, 개인 휴대용 정보 단말기(PDA), 신용카드, 게임기 등의 기능이 부가되는 시대가 오고 있다는 것이다."

얼마 전에 읽었던 조지 길더의 《텔레코즘》이나 페이스 팝콘의 《미래생활사전》과 이 기사가 접목되면서 통신이 주도하는 시대가 어떤 모습으로 전개될지에 대한 어느 정도의 윤곽을 다시 한 번 확인할 수 있었다. 그때 나는 자연스럽게 나 자신에게 이런 질문을 던져보았다. '이 변화는 어떤 기회와 위기를 가져다줄 것인가?' '나의 일과 관련해서는 어떤 변화가 몰아치게 될까?' '사회적으로는 어떤 변화가 일어날 수 있을까?' 사실 이런 질문을 던질 때 당장 모든 답을 구할 수는 없다. 하지만 이런 질문을 던지는 순간 여러분은 스스로 해결해야 할 문제를 하나 더 가지게 되는 셈이다.

앞을 내다보는 일은 과녁 맞추기 게임과 같다. 무척 흥미로운 일 가운데 한 가지다. 위험을 안고 무엇인가 의사 결정을 내려야 하는 사람에게는 스트레스를 느끼게 하는 일이겠지만, 그래도 이런 긴장을 통해서 사람들은 성장할 수 있다.

어떤 장르의 독서를 하고 있든 나는 고객의 니즈를 읽기 위해 노력한다. 그리고 고객들의 중요하게 여기는 것을 찾아내기 위해 노력한다. 물론 이것이 책에서 갑자기 발견되는 일은 드물다. 다양한 독서를 통해 이미 잠재의식 속에 내장되어 있던 것들이 책을 통해서 다시 한 번 재확인되는 경우가 많다.

예의범절은 진정한 경쟁력이고, 좋은 경쟁력이기 때문에 기회다. 당신은 캘리포니아 공대를 졸업하고, 하버드에서 MBA를 취득하고, 멋진 정장을 입고, 세련된 서류가방을 들고 있다고 해도, 당신처럼 좋은 배경과 외모를 지닌 20명의 구직자와 경쟁을 할 수 있다. 그럴 때 당신은 눈에 띄게 하는 한 가지 방법이 있다. 정중하라. 정중함을 넘어서 예의범절의 화신이 되어라. 자리에 앉을 때 상의의 단추를 풀고, 자리에서 일어날 때 단추를 채워라. 문을 지날 때 당신 앞의 여자분에게 양보하라. 그리고 그 여자분과 같이 가는 남자에게도 양보하라. 승강기에서 '열림' 단추를 누르고 있어라(정중할 때는 칭찬을 바라지 말라. 그것을 당연하게 생각하고, 아주 자연스럽게 행동하라).

따라서 당신은 두 가지 종류의 예의범절을 익혀야 한다. 즉 전통적인 것과 새로운 것이다. 하지만 당신이 캘리포니아 공대를 나올 만큼 똑똑하다면, 그것들을 어떻게 활용할지 충분히 알 수 있을 것이다.

이 대목은 샘 힐의 《60 Trend 60 Chances》에 나온다. 나는 옆의 여백에다 '아들에게 가르쳐주어라' 라는 메모를 남겼다. 무슨 의미인가? 예의범절이나 정중함이 대단히 희소한 자원이 될 것이라는 미래 전망에 전적으로 동의한다는 말이다. 누군가 미래의 주역이 되기를 원한다면, 희소한 자원은 가격이 높을 것이고, 가격에 높은 것을 상품화하라는 메시지를 기억할 필요가 있다. 그래서 아이들에게 꼭 가르쳐주고 싶다는 생각이 먼저 머리속에 떠올랐다. 나는 이처럼 계산적이지는 않았지만, 정중함이란 대단히 중요한 자산이 될 것이라는 점을 일찍부터 깨우치고 이를 실천에 옮기기 위해 노력해 왔다. 내가 갖고 있던 믿음에 대해 이 책이 다시 한 번 그 중요성을 환기시켜 준 셈이다. 누구든지 세월을 자산으로 만들어가야 한다면, 정중함과 예의범절을 자신의 자산으로 만들어가는 방법에 대해 생각해 봐야 한다. 이 것을 시장에 내놓을 수 있는 가능성은 없을까?

◥ **고객을 읽으려면, 미래를 읽어야 한다.**

05 | 만들어간다

며칠 전 강릉에서 강연을 마치고 양양에서 비행기에 올랐다. 국내선은 이륙하고, 착륙하는 데 불과 40~50분이면 족하기 때문에 아주 짧은 시간이다. 하지만 요즘처럼 불쑥 불쑥 끼여드는 핸드폰과 더불어 온종일 살아야 하는 시대에 비행기 안은 집중력을 최고도로 유지할 수 있는 귀한 시간이다.

몇 가지 처리할 일과 관련된 서류와 책을 준비하고 있는데, 우연히 평소에 알고 지내는 N 교수님이 바로 옆에 앉아 있었다. 나는 일을 제쳐두고 그분과 이런 저런 이야기를 나눌 수 있었다. N 교수가 나에게 이렇게 물었다.

"공 박사, 어떻게 그렇게 많은 책을 쓸 수 있어요? 무슨 좋은 비결이라고 있습니까?"

나는 이따금 말을 하면서 나의 생각을 정리할 때가 있는데, 그 질문에 이렇게 답하였다.

"글쎄요. 사람들은 누구나 한 가지쯤은 재능을 타고난다고 생각합니다. 그런데 살아가면서 자신의 재능을 '조직화 (organize)' 하고 '활용(utilize)' 하는 스킬이나 테크닉을 개발하는 데 성공하는 사람은 소수 가운데 소수라 생각합니다."

재능을 조직화하고 활용하는 데 특별한 비결이 있을까? 나의 경우 비법이라고 한다면 혼신의 힘을 다해서 열심히 해보기 전에는 자신의 재능이 무엇인지, 그리고 그것을 어떻게 조직화하고 활용할 수 있을지를 알 수 없다고 생각한다는 점이다. 그래서 자신의 생활에서 만나게 되는 일들을 인연으로 생각하고, 아무리 사소한 일이더라도 열심히 해야 한다고 말하고 싶다.

'일단은 열심히 하라' 는 말을 명심해 두기 바란다. 그런데 이를 좀더 효과적으로, 좀더 효율적으로 할 수 있는 방법은 없을까? 이는 언제, 어디서나 여러분을 도와줄 수 있는 스승은 책이라는 점을 머리 속에 각인하는 것이다. 오늘날처럼 책이 흔한 시대에 정말 별별 종류의 책이 다 시장에 쏟아져 나온다. 마음만 먹으면 무엇이든지 다 배울 수 있는 시대다.

여러분은 저마다 살고 싶은 인생이 있을 것이다. 현재를 기준으로 그런 삶을 살아가기 위해 무엇이 부족한지, 무엇을 보충해야 하는지 쉽게 알 수 있을 것이다. 그 다음에는 그런 부족한 점을 보충할 수 있도록 계획을 세워서 노력할 수 있어야 한다. 예를 들어 여러분이 세일즈업계에 종사하고 있다고 하자. 그러면 세월과 함께 경험으로부터 배우게 되기를 가만히 기다려서는 안 된다. 세월을 아끼고, 시행착오를 줄이기 위해 세일즈 기법을 향상시키기 위한 방법에 대한 책을 읽어야 한다. 책을 통해서 그 업계의 고수들이 수십 년 간 쌓아온 노하우를 고스란히 배울 수 있다.

나의 경우 이따금 강연하는 법이나 글을 쓰는 법에 대한 책들을 읽는다. 이미 나에게는 20여 년에 가까운 글쓰기, 강연하기 습관이 있다. 하지만 늘 부족하다고 느끼기 때문에 다른 사람들의 경험이나 지식에서 배움을 청하게 된다. 줏대 없이 이것저것 모두 받아들일 필요는 없다. 1만 원 정도를 투자하고 한 가지만이라고 제대로 배운다면 괜찮은 일이다.

누구든지 시간이 부족하다. 하지만 시간을 합리적이고 효과적으로 사용하기 위해 돈과 시간을 들여서 책을 읽고, 그 책에서 얻은 교훈을 자신의 실생활에 직접 적용시켜 자신만의 매일매일을 만들어가는 사람들은 무척 드물다. 그만큼 우리들은 읽어서 배우는 데 익숙하지 않기 때문이다. 근래에 읽었던 '시간을 정복한 남자'라는 부제가 붙은 《류비셰프》라는 책은 한 인간이 어떻게 시간을 철두철미하게 관리할 수 있는지 잘 보여준다. 그리고 알렉산드르 알렉산드로비치 류비셰프는 자신의 삶을 통한 엄청난 결과물, 즉 70권의 학술서적과 총 1만 2,500여 장에 달하는 논문 및 연구 자료를 남길 수 있었는지도 보여준다. 아주 간단한 기법, 즉 일기와 시간통계 노트를 결합한 방법을 사용해 왔음이 밝혀졌다.

그는 보통 사람들이 일기를 쓰는 것처럼 자신의 단상을 기록한 것이 아니라, 시간을 중심으로 일기를 써왔던 것이다. 나는 오래 전부터 '시간 가계부'를 사용해 왔는데, 이 방법과 매우 유사하였다. 하지만 이런 책을 구해서 읽는 것은 좀더 나은 방법을 찾는 필자의 지적 호기심이 큰 작용을 하게 되었다.

내가 사용해 오던 방법을 류비세프 방법에서 얻은 한두 가지 힌트를 이용해서 효과를 더욱 높일 수 있게 되었다. 이처럼 자신이 이미 잘하는 것조차도 타인의 방법으로 점검함으로써 얼마든지 더 나은 방법을 찾아낼 수 있다. 배움의 목록에 집어넣을 수 있는 것은 얼마든지 있다.

여러분이 지금 어느 자리에 서 있건 간에 자신의 자리를 평범하고 보잘것없는 자리로부터 비범하고 귀한 자리로 탈바꿈시키기를 원한다면, 무엇을 고쳐야 할지에 대해 질문을 하라. 어렵지 않게 어떤 것부터 배워야 할지 생각을 정리할 수 있을 것이다.

◪ **어떤 것부터 배워야 할지 생각을 정리하라.**

06 | 가슴을 데워라

뛰어난 머리, 좋은 재능, 그리고 훌륭한 교육을 받는 행운을 타고난 사람이라 할지라도, 자신이 기량을 한껏 발휘하는 경우는 드물다. 그것은 또 다른 차원의 문제라는 생각이 들 때가 많다. 불확실하고 모호한 삶의 현장에서 미지의 세계를 향해 끊임없이 도전하고, 전진하게 만드는 또 다른 '그 무엇'이 존재한다고 생각한다. 그것은 계측할 수도, 만질 수도, 볼 수도 없기 때문에 이따금 지나치게 사소한 것으로 간주되어 버리는 경우도 많다. 하지만 삶의 에센스에 해당하는 부분이 바로 그것이 아닌가 싶다.

삶에 대한 의욕과 의지, 그리고 열정을 지니고 있는지 생각해 보라. 만일 그런 요소들을 갖고 있지 않다면, 이를 만들기 위해 어떤 노력을 하고 있는지 생각해 보라. 가치 있는 것은 그냥 만들어지지 않는다. 의욕과 의지, 그리고 열정은 삶을 이끌어가는 동력에 해당한다.

사람마다 삶의 동력을 채우는 방법이 제각각일 것이다. 마음을 터놓고 이야기할 수 있는 친구와의 담소, 명상, 영화나 음악 감상, 운동, 산책, 가족들과 함께 지내기 등 다양한 방법이 있을 것이다. 다소 주관적일 수는 있지만, 나는 삶의 동력을 충전하는 일을 흔히 '가슴을 데운다'라고 즐겨 표현한다.

나는 다른 어떤 활동보다 독서를 통해서 의욕과 의지, 그리고 열정을 재충전한다. 산더미처럼 일이 쌓였을 때나, 몸의 전반적인 컨디션이 저하되었을 때 나는 책을 찾는다. 뿐만 아니라 실수나 실패 때문에 좌절감을 맛보았을 때도, 재기에 필요한 에너지를 보충받을 때도 책에서 힘을 얻곤 한다. 그럴 때는 여러 가지 책 가운데서도 주로 인물에 대한 자서전이 도움이 된다. 가혹한 역경을 이겨낸 사람들의 삶의 기록이나 회고담 같은 책으로부터 큰 도움을 받을 때가 많다.

기분이 바닥을 칠 때면 나는 그 상황에 맞는 적당한 책을 찾는다. 그리고 일정한 시간 동안 책을 읽으면서 몰입하다 보면 어느덧 부정적인 생각이나 절망감은 날아가 버린다. 경제학자의 용어로 빌리자면 삶의 역경이나 고난을 극복하는 저비용 고효율에 해당하는 방법이다.

이 책을 마무리할 즈음의 이야기이다. 좀처럼 마감 시간을 어기지 않지만, 이 책은 일주일 가량 늦게 마감되었다. 무리한 탓

인지 몇 년 만에 처음으로 목이 붙고 후유증이 뒤따랐다. 이때 내가 손에 넣게 된 책은 미국의 음악 채널 MTV 파라마운트 영화사, 그리고 CBS 등을 소유한 세계 최대 미디어 그룹 바이어컴의 CEO 섬너 레드스톤의 자서전 《승리의 열정》이었다. 오래 전에 구입해 두었지만 차일피일 미루다가 첫 페이지를 넘겼다.

한참 사업 세계에서 기세를 올리던 섬너 레드스톤은 1979년 57세의 나이에 몸 전체의 45퍼센트가 3도 화상을 입는 불운을 당하게 된다. 모르핀조차 고통을 상쇄시킬 수 없을 지경에 빠진 그는 무여 60시간에 걸쳐 다섯 차례의 대수술을 받게 된다. 그런 가혹한 상황 속에서도 삶에 대한 의지를 잃지 않고 그는 생환에 성공을 한다.

"과연 이 시련은 내 삶에 강력한 영향을 끼친 사건인가? 죽음과의 강렬한 조우(遭遇)를 경험한 그 화재로 인해 나는 새롭게 태어났는가? 삶이 얼마나 소중한지 알게 됨으로써 지금보다 더 열정적인 삶을 살게 되었는가?

절대 그렇지 않다. 어떤 사람들은 그 사건 때문일 것이라 믿고 싶어할지도 모르겠다. 그렇게 믿는 것이 편리하고 심리적으로 만족스러우며 손쉬운 일이기 때문이다. 그러나 나는 그렇게 믿지 않는다. 그것은 어리석은 소리다. 나는 변하지 않았다. 화재 이후에도 이전과 동일한 가치관을 지니며 살아왔다. 고등학교에 다닐 때나 대학에 다닐 때 법대를 다닐 때, 혹은 극장 체인점을 세울 때 나는 항상 최선을 다해왔다. 언제나 승리의 열정을 가지고 살아왔고, 내가 지닌 승리의 의지는 곧 생존의 의지인 것인다."

이런 대목을 발견할 때마다 나는 다소의 침울함으로부터 금세 벗어나게 된다. 그래서 나는 항상 씩씩하고, 활달한 기분을 유지할 수 있다. 그리고 당장 고객을 만나거나 독자들을 만날 때면 나 자신의 이미지를 밝고 유쾌하고 도전적인 이미지로 가꾸어갈 수 있다. 실제로 나는 그렇게 활기에 차서 생활을 하고 있다. 무엇보다도 내게는 힘의 근원을 내면에서 찾는 버릇이 아주 굳게 뿌리 내리고 있다.

언젠가 독서가 가혹한 역경에 처한 사람을 일으켜 세울 수 있음을 확인할 수 있는 부분을 읽은 적이 있다. 이런 글을 읽는 것 자체가 나에겐 또 다른 삶에 대한 의지와 경건함을 선물해 주기도 한다. 《서재 결혼 시키기》의 저자인 앤디 페디먼의 아버지는 여든여덟 살이 되던 해에 갑자기 시력을 잃어버리게 된다. 그는 노년에도 〈브리태니커 백과사전〉을 읽을 정도였으며 매주 60시간 정도 일을 할 만큼 왕성한 활동가였다. 그래서 상심이 이만저만이 아니었다. 어느 날 밤 병실의 간이침대에서 앉은 딸에게 그녀의 아버지는 체념한 나머지 "감상적이 되고 싶지는 않지만, 읽거나 쓰지 못한다면 나는 끝난 것이라고 봐도 좋다"고 말한다.

그러자 앤디 페디먼은 아버지에게 오랜 전에 들려주었던 밀턴의 소네트 이야기를 한다.

"밀턴도 실명한 다음에 《실락원》을 썼잖아요."

나는 지푸라기라도 잡는 심정으로 말했다.

"그랬지 그리고 그 유명한 소네트도 썼지."

"《나의 실명에 대해서》 말씀이죠."

내가 대꾸했다. 나는 그 소네트를 내가 첫 소네트를 쓰던 열세 살 때 읽었다.

" '이 캄캄하고 넓은 세상에 반생이 끝나기도 전에.' 그 다음에 어떻게 되더라? 빛 이야기가 나오던가?"

어둠 속에서 우리는 14행 가운데 6행 반을 더듬어 찾아낼 수 있었다.

"뉴욕에 돌아가거든 만사 제치고 그 소네트부터 찾아서 전화로 읽어다오."

당시에는 아버지가 다음 한 해 동안 녹음된 책을 이용하고, 메모 없이 강연하는 등 전에는 있는지도 몰랐던 내적 자원을 활용하는 법을 배우게 되리라는 것을 알 도리가 없었다. 간단히 말해서 아버지는 자신이 들어가게 될 수녀원의 비좁은 방이 고통스러울 정도로 좁기는 했지만, 예상보다는 상당히 넓다는 것을 발견해 가게 되었다.

그러나 그런 것은 모두 먼 미래의 일이었고, 그날 밤 마이애미에서는 밀턴의 소네트가 계기가 되어 아버지의 불굴의 호기심이 처음으로 희미하게 빛을 발하게 된다.

앤디 페디먼의 아버지는 실명 속에서도 삶의 의지를 굽히지 않고 재기에 성공하였던 밀턴의 소네트를 통해서 다시 재기할 수 있었던 것이다.

☑ 독서를 통해서 의욕과 의지, 그리고 열정을 재충전하라.

07 | 그릇을 키운다

여러분은 인생의 화폭 위에 저마다 그림을 그려간다. 어떤 그림을 그려가든지 영광과 실패, 그 모든 것에 대한 결실을 여러분 스스로 책임지게 된다. 물질이 지배하는 시대에 인간의 영혼이나 지성의 문제를 이야기하는 것은 사치스러운 이야기일 수 있다. 하지만 인간이란 영육간에 조화를 이룰 때만이 온전하게 삶을 살아갈 수 있다.

이 책에선 실용과 실질에 대한 이야기가 많았다. 그러나 책을 읽는 목적이 그것에 그치는 것은 아니다. 인간은 어느 정도 경제적으로 안정되거나, 나이를 먹어가면서 자신이 나이를 먹어간다는 사실과 언젠가 죽음을 맞게 된다는 사실을 이따금 생각하게 된다. 그럴 때면 '인간이란 도대체 어떤 존재인가?' '어떻게 삶을 살아야 하는가?' '생의 의미는 무엇인가?' '어떻게 사는 것이 제대로 사는 삶인가?' '타인과 가족은 나에게 누구인가?' 등과 같은 삶의 근원적인 질문을 던지기 시작한다.

나 역시 별다른 생각 없이 질주하듯이 달렸던 시절이 있었고, 이런 저런 경험의 끝에 치열하게 살아가되 동시에 근원적인 질문을 함께 던지는 시간을 가지게 되었다. 나의 독서는 여전히 실용에 비중을 크게 두긴 하지만, 이것 못지않게 깨우침이나 깨달음에 대한 부분도 무시할 수 없을 정도로 비중이 커져가고 있다.

인간은 세월과 함께 자연적으로 성숙함의 단계로 나아가는 것 같지는 않다. 세월을 아껴서 독서를 통해 부단히 깨우치기 위해 노력할 때만이 성숙한 단계에 도달할 수 있다고 생각한다. 앞으로 세상의 변화가 더욱더 요동칠 정도로 빨라지면, 명상이건 독서건 간에 스스로 마음의 평정을 유지하고 자신의 아이덴티티를 확실히 하면서 자신을 가다듬는 일은 그 어떤 일보다 중요한 일이 될 것이다.

이따금 삶에는 고난과 역경이 있게 마련이다. 실직이나 실패와 같은 경제적인 어려움 때문에 온 가족이 괴로움을 당하는 것을 볼 때마다 나는 가장이 좀더 튼튼한 지적 기반 위에 자신의 삶을 구축해 왔다면 그런 고난조차도 건설적으로 활용할 수 있었을 텐데라는 아쉬움을 가질 때가 많다. 세속적인 의미의 출세나 성공조차 지성의 토대가 굳건하지 않으면 언제든지 흔들릴 수 있다.

독서의 햇수가 더해질수록 좀더 세상을 부드럽게 바라볼 수 있는 힘도 생기게 된다. 왜냐하면 다양한 삶의 모습들을 간접적으로 체험할 수 있기 때문이다. 현실의 각박함에서 이따금 한 걸음 떨어져서 현실을 바라볼 수 있다면 이웃에 대한 이해의 폭을 넓히고 깊이를 더할 수 있게 된다. 실용이라는 면에서도 어느 수준 이상의 독서가 계속되면 하나의 통합된 세계관을 가질 수가 있게 된다. 이때가 되면 한쪽으로 치우침 없이 균형 잡힌 시각으로 사물이나 현상을 바라볼 수 있는 능력도 생겨나게 된다.

◹ **독서를 통해 성숙된 삶을 경영한다.**

TIPS 06 · 원호문의 독서십법(讀書十法)

1. 기사(記事)로 자기에게 필요한 중요한 사건의 대강을 기록해 둔다.

2. 찬언(纂言)으로 마음에 드는 글이 있으면 따로 기록해 둔다.

3. 음의(音義)로 알기 어려운 단어를 분류해 써놓는다.

4. 문필(文筆)로 외워두면 좋을 문장을 따로 기록해 둔다.

5. 범례(凡例)로 옛 작가가 쓴 독특한 문투를 사례별로 기록해 둔다.

6. 제서관섭인용(諸書關涉引用)으로 많은 작품들의 상관관계를 따져보고 그 본문을 적어둔다.

7. 취칙(取則)으로 인생과 사회생활에 쓸모 있을 옛사람의 행위 가운데 본받고 싶은 것을 따로 기록해 둔다.

8. 시재(詩材)로 시를 쓸 때 이용할 고사나 말을 분류하여 기록해 둔다.

9. 지론(持論)으로 선배의 주장과 논리에 불만스러운 것이 있으면 자신의 견해를 첨가해 둔다.

—출처 : 공병호, 《공병호의 자기경영노트》

Epilogue

읽어야 산다

뿌린대로 거둔다. 뿌리지 않고 수확하기를 기대할 수는 없는 일이다. 만일 여러분이 밝은 미래를 바란다면 지금 어떻게 살고 있는가를 살펴보면 된다. 만일 여러분이 지금 직장을 다니고 있다면, 5년, 10년 후의 모습이 궁금하다면, 지금 시간을 어떻게 배분하고 있는가를 보면 된다.

세계화는 급증하는 위험과 기회의 시대를 뜻한다. 끊임없는 변화 속에서도 여러분은 스스로 부가가치를 지속적으로 창출할 수 있는 인물로 남기 위해 어떻게 준비하고 있는가? 여러분 자신을 위해 얼마나 투자하고 있는가? 특별한 사람들만 준비하면 되는 시대는 아니다. 대다수의 직장인들은 거의 비슷한 환경에 처하게 되었다.

큰 행운과 같은 요행만 기다리고 있을 수는 없는 일이다. 미래를 위해 투자를 해야 한다. 그래야만 현재의 삶을 한 단계 더 끌어올릴 수 있다. 그런 일들이야 남들의 문제라고 생각해 버리면, 어쩌면 기대는 고사하고 퇴보하고 말 것이다.

사람과 동물의 차이점에는 여러 가지가 있겠지만 이 가운데 중요한 한 가지는 미래를 준비하고 있는가 하는 점이다. 지식이 주도하는 사회, 두뇌가 주도하는 사회로 세상은 달려가고 있다. 어중간한 상품이나 서비스를 만들 정도의 능력밖에 갖추지 못한다면, 항상 허덕거리고 쪼들리는 생활밖에 보장되지 않을 것이다.

내가 가진 약간의 행운이 있었다면, 남보다 조금 일찍부터 준비하는 삶의 중요성을 깨우친 점이라 하겠다. 나는 그냥 생각만 하는 삶을 좋아하지 않는다. 나의 삶에 조금이라도 도움이 되는 것을 발견이라도 하게 되면, 지체하지 않고 실천에 옮긴다. 정말 즉시 실천에 옮긴다. 마치 실험실에서 과학 실험을 하는 과학도와 같이 나 자신을 대상으로 실천에 옮긴다.

그동안 나 자신의 가치를 높이기 위해 꾸준히 실천에 옮겨온 활동 가운데 하나는 실용독서를 어느 누구보다도 열심히 해온 점이다. 읽고, 쓰고, 생각하고, 창조하는 일을 계속해서 해왔다. 일찍부터 그런 활동의 중요성을 크게 깨우친 바가 있다.

이제 다수의 직장인들은 깨우치기 시작하는 것 같다. 경험만으로, 연륜만으로, 근속만으론 오래오래 자신의 가치를 유지할 수 없다고 생각하는 사람들이 주위에서 몰라보게 늘어나고 있다. 이제 그들이 가진 고민은 어떻게 하면 되는가이다. 구체적인 방법에 대한 고민을 가진 사람들이 많아진 것이다.

나는 이 책을 통해 여러분들이 '어떻게'를 몸에 완전히 익힐 수 있기를 바란다. 그 다음에는 곧바로 실천에 옮기는 일이다. 무지 때문에 하지 않는 것은 이해할 수 있다. 하지만 읽고 난 다음에도 개선이 없다면 그것은 무엇인가 잘못된 것이다.

나는 지금도 새벽 일찍 하루를 연다. 그리고 늘 내 자신에게 묻는다. 오늘 하루도 새로운 것은 듬뿍 배우고, 그것을 이용해서 부가가치를 만들어내고 싶다고 말이다. 나는 그런 마음가짐과 태도를 갖고 여러분의 삶을 '명품(名品) 인생'으로 창조해 나가기를 바란다. 명품 인생의 길은 책읽기와 그것의 활용에 달려 있다.

KI 신서 583

핵심만 골라 읽는 실용독서의 기술

지은이 | 공병호

1판 1쇄 발행 | 2004년 5월 10일
1판 19쇄 발행 | 2011년 8월 30일

펴낸이 | 김영곤
펴낸곳 | (주)북이십일_21세기북스

등록번호 | 제10-1965호
등록일자 | 2000. 5. 6

주소 | 경기도 파주시 교하읍 문발리 파주출판문화정보산업단지 518-3 (413-756)
전화 | (031)955-2100(대표)
팩스 | (031)955-2151
이메일 | book21@book21.co.kr
홈페이지 | http://www.book21.com

값 9,000원
ISBN 978-89-509-0649-8 13320